国家社会科学基金项目

◎ "利益相关者视角下农民专业合作社农产品质量安全控制行为及其绩效研究"（项目编号：19BJY168）

◎ 辽宁省教育厅基本科研项目（项目编号：JYTMS20231308）

◎ 辽宁省经济社会发展研究课题（项目编号：2024LSLJDYBKT-003）

Handbook of

Farmers'

Cooperatives

农民合作社知识手册

李 旭———— 主编

经济管理出版社

ECONOMY & MANAGEMENT PUBLISHING HOUSE

图书在版编目（CIP）数据

农民合作社知识手册／李旭主编；张婧雯，李岩，
曹雪副主编．-- 北京：经济管理出版社，2024.
ISBN 978-7-5096-9938-6

Ⅰ. F321.42

中国国家版本馆 CIP 数据核字第 202446H677 号

组稿编辑：曹　靖
责任编辑：郭　飞
责任印制：许　艳
责任校对：王淑卿

出版发行：经济管理出版社
　　　　　（北京市海淀区北蜂窝 8 号中雅大厦 A 座 11 层　100038）
网　　址：www. E-mp. com. cn
电　　话：（010）51915602
印　　刷：唐山玺诚印务有限公司
经　　销：新华书店
开　　本：720mm×1000mm/16
印　　张：14
字　　数：215 千字
版　　次：2024 年 12 月第 1 版　　2024 年 12 月第 1 次印刷
书　　号：ISBN 978-7-5096-9938-6
定　　价：68.00 元

《农民合作社知识手册》
编委会

主　编：李　旭

副主编：张婧雯　李　岩　曹　雪

成　员：王　鑫　　赵欣怡　　魏　波　　李庶鑫

　　　　翁婉娜　　张泽林　　陈佳茹　　苑　帅

　　　　彭城城　　王　舒　　张子琦

统　稿：张婧雯

编　审：李　旭

前　言

在全面推动乡村振兴的战略进程中，农民合作社作为推动小农户与现代农业有机衔接的主要载体和推进农业现代化的重要力量，对提高农业科技水平、提高农民科学文化素质、提高农业综合经营效益等有巨大的作用。长久以来，我国一直重视和支持农民专业合作社的发展。自 2007 年颁布《农民专业合作社法》以来，合作社进入高速发展阶段，增长势头强劲。2017 年《农民专业合作社法》修订后，合作社的增长速度放缓，其发展规模和发展层次正迈向新的台阶。在新时代背景下，合作社正处于从数量增加向质量提高的关键衔接期，但目前合作社呈现发展质量较差、推进能力受到制约、市场竞争力不强、内部治理不规范、结构松散、创收能力较弱、发展潜力不足、社会影响力较小等问题，普遍存在"空"合作社和"假"合作社，真正能做到规范运作的农民合作社不到 20%。此外，人才匮乏、产权制度不公平、优惠政策和资源分配不合理等也严重阻碍了合作社高质量发展。特别是广大农民对合作社不了解或误解，对合作社的原则宗旨、设立登记、管理运营、服务功能、支持政策等方面知识都一知半解。面对这些新的发展问题及挑战，需要以发展变化的眼光重新审视合作社。基于此，本书通过整理合作社相关内容，对目前合作社的基本情况及发展变化等进行即时、实用的介绍，以期为想要了解合作社、加入合作社乃至开办合作社的人群提供帮助和指导，便于广大农户与乡村企业家在相关生产实践中参考和应用。

本书立足于合作社的最新发展状况，从合作社成员和经营者的角度出发，以通俗易懂的语言带领读者走近合作社，系统介绍了合作社的发展历程与现状、合作社的设立、登记与示范社评选、合作社的理事长与成员、合作社的管理与服务、合作社的支持政策以及合作社的国内外案例等方面内容，为读者科普关于我国合作社较为系统、全面和基础的知识，具有较强的实践性和应用性。同时，本书每章内容均辅以案例及图表，力求深入浅出地阐释复杂内容，更加贴近生产实际，具有较强的可读性，便于不同层次文化程度的读者均能够理解和接受。

　　本书由沈阳农业大学经济管理学院李旭教授及其团队共同完成，李旭教授担任主编，张婧雯、李岩、曹雪担任副主编。李旭、张婧雯拟定大纲并校稿，李旭定稿完成。全书共分为八章，各章编写人员如下：第一章：王鑫、赵欣怡；第二章：魏波；第三章：李庶鑫、翁婉娜；第四章：张婧雯；第五章：李岩、张泽林；第六章：陈佳茹、苑帅；第七章：彭城城、李庶鑫；第八章：王舒、张子琦。

　　本书的编写和出版是在国家社会科学基金项目"利益相关者视角下农民专业合作社农产品质量安全控制行为及其绩效研究"（项目编号：19BJY168）的支持下完成的。另外，本书也得到了辽宁省教育厅基本科研项目（项目编号：JYTMS20231308）和辽宁省经济社会发展研究课题（项目编号：2024LSLJDYBKT-003）的资助。本书从 2023 年 3 月开始定题到最终成稿，经历了一年多时间的打磨。在本书的编写过程中，结合了农村合作经济的诸多研究成果，参考了相关书籍及文献资料，参阅了如农业农村部网站等大量网络资料，在此向有关作者诚挚致谢。同时，书中难免存在不妥及疏漏之处，望广大读者批评指正。

编者

2024 年 4 月

目　录

第一章 走近合作社

在我国，合作组织的发展已有百余年历史。我国合作社的发展历程可以追溯到 20 世纪初，早期关于合作的思想、理论和实践探索主要源自一批有过留学经验的学者。1919 年后，合作经济思想在我国广泛开展，在社会、政治、经济等因素的共同作用下，农民合作经济组织得以发展。又通过 100 多年来中国人民不断实践和创新，合作社不断适应我国实际国情，实现了中国化。

第一节　合作社的基本原则与功能

一、合作社的基本原则

随着合作社运动的发展，国际合作社联盟对合作社原则进行了数次修订，目前公认的合作社原则是 100 多年来世界各国合作运动实践经验的总结，是世界各国合作社指导实践的依据和公认的章法。我国的合作社基本按照国际合作社联盟的精神建立，并在此基础上结合本国实际情况与法律章程，形成了以下应当遵循的五项原则：

（一）成员以农民为主体

合作社以农民为本，以切实解决农民的问题为核心，让农民真正成为合作社的主人，有效表达自己的意愿，并防止他人利用、操纵合作社。在农民专业合作社的成员中，农民至少应当占成员总数的百分之八十。《中华人民共和国农民专业合作社法》第三章第二十条规定，成员总数二十人以下的，可以有一个企业、事业单位或社会团体成员；成员总数超过二十人的，企业、事业单位或社会团体成员不得超过成员总数的百分之五，其目的是从法律上保护处于弱势地位的农民的利益。

（二）以服务成员为宗旨，谋求全体成员的共同利益

合作社为全体成员谋利，农民加入合作社后，便能享受到合作社提供的服务，更好地发展生产。合作社为其成员提供各类平台，更好地将农产品销售出去；合作社统一购买农业劳作所需的工具，并为成员提供相应的技术支持；合作社为农产品的生产、加工、销售、运输等环节提供一系列支持，以规模化的方式进入市场，改变单个农民的市场弱势地位；一些有条件的合作社还参与向成员提供信贷、保险等服务。

（三）入社自愿、退社自由

农民可以自愿选择加入或者不加入合作社，任何个人或组织不得以任何理由拒绝、胁迫，包括不能以不同的等级、文化等理由拒绝农民加入合作社。凡是具有民事行为能力的公民，能够利用合作社所提供的服务并且自愿遵守合作社的章程，都可以成为合作社成员。农民也可以依法自由退出合作社，在退出时，合作社应当将农民的可分配盈余进行返还清算。

（四）成员地位平等，实行民主管理

合作社内成员平等地享有选举权、被选举权和表决权，成员间权利平等，这是为了防止部分出资额较大的成员对合作社的控制。合作社全体成员组成合作社的成员大会，作为合作社的权力机构，负责就合作社的重大事项作出决议，集体行使权力。成员大会以会议的形式行使权力。成员参加成员大会是法律赋予所有成员的权利，所有成员都可以通过成员大会参与合作社事务的决策和管理。

（五）盈余主要按照成员与合作社的交易量（额）比例返还

盈余分配是合作社年终实现利润额的盈余部分所进行的分配，盈余分配制度是合作社财务管理工作的核心，也是合作社区别于其他经济组织的重要特点。可分配盈余主要按成员与本社的交易量（额）比例返还，返还的总额不得低于可分配盈余的60%；返还后的剩余部分，以成员账户中记载的出资额和公积金份额，以及本社接受国家财政直接补助和他人捐赠形成的财产平均量化到成员的份额，按比例分配给本社成员。目的是鼓励成员通过合作社对外销售产品，以形成规模优势，获得更高的利润，保护一般成员和出资较多成员的积极性。

二、合作社的基本功能

合作社作为农村互助性经济组织，对于推动乡村振兴，提高农民抵御风险能力，促进收益增长起关键作用。以往的农民多数以个体为主，而合作社的出现，让农民可以选择抱团经营，形成合力，相互帮扶，共同生产劳作，风险共担，共同获利。《中华人民共和国农民专业合作社法》第一章第七条规定：国家保障农民专业合作社享有与其他市场主体平等的法律地位。其功能大致可分为以下两类：

（一）经济功能

第一，合作社作为联结市场与农户的重要载体，为市场与农户搭建桥梁，可以减少单个农户单独进入市场的风险，提高农户的市场谈判地位。农户受限于自身的知识、经历、能力、眼界等，无法及时获取市场需求信息，如农药化肥的价格趋势、农作物病虫害发生趋势、农副产品的价格形势以及国家的惠民政策，加入合作社可以依靠丰富的社交网络传递有用信息，弥补信息缺失的短板。

第二，合作社可以为农户提供各种平台，实现产供销的一体化，降低农户的生产成本和交易成本。合作社为社员提供统一的原材料购买和产品销售渠道，大家统一购买生产资料，减少了成本支出，统一销售农产品，与采购商、销售商和消费者形成长期合作关系，建立稳定的供销关系和渠道。

第三，合作社可以为社员提供农业机械设备及相应的技术培训支持，助力农户增产增收。合作社为推动当地产业规模化，实行统一种植、统一管理，生产的产品更加标准，同时通过掌握先进的种养殖技术，使产业更加优化，收益也会提高。社员可以共同享有农机设备，既方便农户生产，又减少单独购买农机的成本费用。

第四，合作社可以集结生产资料和资讯，为农户提供各种市场信息，避免农户因为信息闭塞而造成不必要的损失。例如，合作社可以根据国家产业规划以及市场信息，组织和协调农户进行专业生产，有助于形成专业化生产，以减少农业专有资产的浪费。

第五，合作社可以形成规模效益，提升产品品质。合作社可以促使农民统一技术标准，实现规模效益。通过合作可以把生产同类型产品的农户联合起来，促进生产标准化，提升产品品质，创造出自己的农产品品牌，提高农产品的附加值。

【案例】

昌宁县文沧兴隆葡萄种植专业合作社：昌宁县大田坝镇文沧村曾因交通不便、产业单一、传统产业效益下滑等原因，当地群众增收速度较慢，同时也是制约村级集体经济发展壮大的一个现实问题。文沧村党总支大胆转变观念，因地制宜引进新兴产业"阳光玫瑰"，建立"阳光玫瑰"葡萄种植专业合作社，促进农民增收，走出了一条"组织引领、党群同心、共促发展"的增收致富新路子。依托文沧村的光、热、水等有利自然资源条件，引进"阳光玫瑰"这一高端葡萄品种，共计投入资金550余万元。

合作社共有社员181户，其中脱贫户165户，占全村脱贫户的58%。通过流转农户土地等利益联结模式，坚持"三个优先"持续稳固提升脱贫户收入，即优先吸纳脱贫户土地，稳定脱贫户地租收入；优先吸纳脱贫户劳动力，增加脱贫户就近就便务工收入；优先购买脱贫户农家肥等农用物资，增加脱贫户物资销售收入。通过全过程利益联结，让农户获得

"租金+薪金+资金"收益。五年来，合作社共兑付农户土地租金72.4万元、农户务工工资288万元、农家肥收购款80多万元，实现合作社社员户均增收12000元、人均增收3600元。

（二）社会功能

第一，合作社作为政府与农民沟通的桥梁，促进农村社会发展。合作社按照国家产业政策，组织成员进行生产销售，同时将运行过程中大家遇到的问题收集起来并向政府进行反馈，政府从而作出相应的调整。

第二，合作社为社员减负，为农民谋福利，促进农村社会和谐稳定。合作社最大的特点是"民办、民管、民受益"，实行自愿加入，民主管理，真正以农民为主体，让农民获得最大利润。

第三，合作社助力培养新型职业农民，提高农民素质。农民是农村的主人，是建设社会主义新农村的主要力量。建设新农村，应当重视农村人力资源的开发利用，强化农村劳动力的科学技术和职业技能培训，培育新型职业农民，提高农民文化素质，培养一批有文化、懂技术、会经营的新型农民，对农业农村发展具有十分深远的意义。

第四，合作社可以充分利用当地的传统优势与资源优势，推动农村综合改革，更好地解决农业投入机制、土地规模经营、集体经济管理和农村基层组织建设等诸多问题。

【案例】

北京圣泉农业专业合作社：合作社坚持绿色、可持续发展理念，把握城乡融合发展机遇，依托红色土壤资源，围绕阳台蔬菜产业，着力打造"红泥+盆栽蔬菜、阳台农业、休闲采摘、农业科普、农民培训、红泥泥塑"等"红泥+"农业产业发展模式，培育"红泥乐农场"品牌，以"一园带多园、一品带多品"的形式，带动和盘活周边农业生产经营，引导市民下乡、农产品进城，助力合作社成员增收致富，走出了一条独具特色的现代农业产业发展道路。

首先，该合作社依托特色资源，塑造"红泥+"品牌，注重绿色环保；其次，合作社深入挖掘乡土文化，讲好红泥故事，带动农产品休闲采摘，年接待市民达 1.5 万人次，并且开展科普培训，不断培训高素质农民，助推京津冀农业协同发展；最后，合作社承担起社会责任，为了帮助低收入农户，合作社发起了盆栽蔬菜精准帮扶项目，发动南口地区低收入农户利用庭院种植盆栽蔬菜，发展庭院经济。合作社与低收入农户签订合作协议，在管理上实施"五统一"，即统一收购、统一销售、统一防治作物病虫害、统一发放种苗、统一采购农用物资。合作社瞄准城乡融合发展和城乡居民对健康生活的需求，把"红泥+"农业与康养休闲有机结合，让"红泥乐农场"成为农民的致富农场、市民的休闲农场，把"红泥+"农业建设成美丽农业。

第二节　合作社的种类

我国的合作社大致可以根据其自身的功能、服务以及合作社的不同领办主体进行划分。具体可分为以下几类：

一、以合作社自身功能及服务为标准划分

（一）生产合作社

生产合作社是我国众多类型合作社中数量最多、占比最高的一类，指合作社从事种植、养殖、加工、采集、渔猎、牧养、建筑等各类生产活动，主要通过生产方式的协作，实现农产品的生产、加工和销售。如农业生产合作社、手工业生产合作社、建筑合作社等。

【案例】

内蒙古自治区阿荣旗天助水稻科技种植专业合作社：合作社成立于2013 年，地处呼伦贝尔市阿荣旗新发乡新发村。合作社有农户成员 54

户，团体成员 1 个（阿荣旗新发米业有限公司），出资总额 1600 万元，其中农民出资 1000 万元、占股 62.5%，新发米业公司出资 600 万元、占股 37.5%。

合作社发挥自身组织优势、经营优势和市场优势，依法流转小农户的土地经营权，开展适度规模经营，共流转小农户土地 2400 余亩。为提高土地产出效益，合作社对流转的土地进行农田改造，将低洼易涝的旱地改造成丰产水田，发挥多年的水稻种植先进经验，实现水稻亩产 600 千克。合作社还通过土地经营权入股分红、聘农为工等方式，帮扶带动周边 128户脱贫户户均增收 6000 余元。同时合作社与阿荣旗新发米业有限公司签订水稻种植合同，打造绿色农产品生产基地，采取"龙头企业+合作社+种植户+订单"运营模式，与成员建立常年稳定的购销关系，实行统一购种、统一购肥、统一技术管理、统一订单收购、统一品牌销售的"五统一"服务。为更好地服务、带动种植户发展，合作社通过"龙头企业担保+银行授信+合作社统管+种植户承贷"的方式，为合作社成员和种植户提供担保贷款，解决种植户发展种植业资金不足的问题。合作社坚持"民办、民管、民受益"原则，推动水稻种植规模化、标准化、品牌化、集约化发展，逐步构筑起以土地经营权流转、土地托管、订单农业、综合带动为特点的四大利益联结机制，为农业增效、农民增收提供了坚实基础。

（二）流通合作社

流通合作社是指合作社从事推销、运输、购买等流通领域的服务业务。如供销合作社、运输合作社、消费合作社、购买合作社等。

【案例】

贵港市益荷运输专业合作社：贵港市是国家物流园区规划布局的二级物流节点城市，也是广西对接粤港澳大湾区的重要物流基地。贵港市的水泥、木材、钢铁等大型生产企业较多，公路、水路、铁路运输量大，但公路货运规模企业少。组建运输合作社的设想来源于贵港市渣土运输整治的经验和取得的成效。在安全整治过程中，交通运输部门引导 11 家渣土运输企业（车辆共 330 辆）成立散货运输行业协会，充分发挥行业自律作用，并取得了良好成效。依据此经验，运输合作社应运而生。在当地交通运输部门及相关企业的引导和支持下，广西贵港市益荷运输专业合作社于 2021 年成立。自合作社成立以来，合作社全面收集了社员、驾驶员及车辆档案，方便掌握社员及驾驶员的具体情况；统一合作社货运车辆标识、从业人员工作服；对驾驶员进行系统的安全培训。在完善安全规范的基础上，该合作社与农民种养专业合作社建立了紧密合作关系。同时，该合作社主动对接一批农民种养专业合作社，为其提供农业生产资料及农产品运输服务。该合作社还积极发展城乡物流专线，主动对接商务、交通运输、邮政等部门，结合乡村振兴需要，研究开行一批城乡物流专线。

（三）服务合作社

服务合作社是指合作社通过各种劳务、服务等方式，给社员的生产、生活提供一定便利条件的合作社。如租赁合作社、劳务合作社、医疗合作社、保险合作社、利用合作社、公用合作社等。

【案例】

西藏自治区日喀则市桑珠孜区甲措雄乡聪堆村旺财农机租赁专业合作社：合作社成立于 2016 年，入社成员 133 户，注册资金 199.2 万元，主要从事青稞种植、销售和农机租赁、维修等业务，服务耕地面积 1.6 万亩。合作社内有各类拖拉机、收割机等大小农机共 100 多台，通过农田耕、种、收作业，2022 年合作社有 300 多万元收入，每户能分 1 万多元。

桑珠孜区历来就有西藏"粮仓"美誉，甲措雄乡是桑珠孜区粮食主产区之一。2016 年 9 月，合作社正式成立，在行政主管部门的指导下，对合作社的章程和内部运营管理制度进行了健全完善，依据出资额对成员的股权进行了量化，为成员建立了成员账户，发放成员证。此前，聪堆村农业机械化程度较低，群众大多沿用传统耕作模式，农业生产效率低下，大量劳动力被自家的"一亩三分地"束缚。合作社的组建，很快让现代农业机械取代了传统的"二牛抬杠"，一亩地耕作由原来需要大半天时间两牛一人的劳作，提高到现在仅需一个人一台机器30分钟就能完成。合作社的高效率让聪堆村农户对合作社和农业机械化作业有了全新的认识。同时，合作社根据农户家庭人力、物力、耕地面积的不同，推出土地"全托管""半托管""流转"三种服务模式，最大限度地满足不同农户个性化需求。

通过与科研机构和龙头企业合作，合作社在农机维修、秋翻整地、压青苗、秸秆还田、精准化施肥、高效植保，以及水文、气候掌握等方面有了很大进步。如今的合作社已经拓展到废旧农机具回收维修、配件供应、技术培训、信息传递、饲草种植与储藏等领域。

（四）信用合作社

信用合作社是以互助为主要目的的合作组织，合作社可以以简便的手续和较低的利率为社员提供信贷服务，帮助社员解决资金困难。如农村信用合作社（以下简称农信社）、城市信用合作社等。

【案例】

浙江省农村信用社成立于1952年，作为地方性金融机构，浙江省农信社以服务"三农"为宗旨，在促进全省农业发展、农村繁荣和农民增收等方面发挥了不可替代的作用。1996~2003年，浙江省农村信用社进入健康发展期，并于1999年组建了浙江省信用合作协会，于2004年组建了浙江省农信联社。全省农村信用社在省内真正有了自己的总部。到2010年6月末，组建成立42家农村合作银行和39家农村信用联社。

浙江省农村信用社联合社首期注册资本金为10500万元，资产总额为3949亿元，它是由浙江省辖内81个县（市、区）农村合作银行、农村信用社联合社和农村信用联社入股组建，是具有独立法人资格的地方性金融机构。浙江省深化农村信用社改革试点工作领导小组组长章猛进副省长说："农村信用社改革已不是一个单纯的金融问题，而是关乎农业发展、农民增收和农村稳定大局的重要政治问题，成立后的省联社是经省政府授权管理农村信用社的一个省级管理机构，同时又是一个提供多种金融服务的省级金融机构，肩负着对浙江省农村信用社管理、指导、协调和服务的职能。"

到 2003 年末，浙江省农信社各项存款总额为 2400 亿元，占全省金融系统的 16.26%，各项贷款总额为 1803 亿元，占全省金融系统的 15.01%，存、贷款余额占全国农村信用社系统的 10%。存、贷款总量在全省金融系统和全国农村信用社系统中均列第二位。农村信用社的农业贷款和乡镇企业贷款，分别占全省金融系统总量的 96% 和 81%，已成为浙江省农村金融的主力军。2022 年 1 月，浙江省联社改制为农商联合银行。2022 年 4 月，浙江银保监局同意浙江农村商业联合银行股份有限公司开业，注册资本金为 50.25 亿元，原浙江省农村信用社联合社自行终止，债权债务由该行承接。

二、以合作社的领办主体划分

（一）村党组织领办合作社

村党组织领办合作社是指村党组织书记或班子成员（代表村级集体经济组织）领办，原则上村党组织书记兼任合作社理事长，注册成立的合作社，充分发挥党组织在合作社中的引领作用。村集体以集体资金、资产、资源等入股，农户以土地、资金、机械设备、劳动力等入股，明晰村集体股权与入社农户股权，把群众组织起来，村集体资产资源利用起来，建立村集体与群众的利益共同体。突出支部主导、群众自愿、风险共担、集体增收，实现村集体增收和群众致富双赢。

【案例】

高冯村位于济南市商河县，耕地面积 700 亩。全村共有 227 户，622 人，其中党员 25 人。近年来，高冯村以党建为引领，深入实施乡村振兴战略。自全县推进党组织领办合作社工作会议后，在镇党委的大力宣传和引导下，高冯村充分发挥党支部在合作社中的引领作用，突出支部主导、群众自愿、风险共担、集体增收,将党支部的政治引领、合作社的抱团发展、群众的积极参与等要素有效融合。2020年,在党支部的积极运作下,流转本村土地300多亩,注册成立了商河县益民土地股份专业合作社,村党支部书记、村委会主任任合作社理事长。通过多次召开村"两委"会议、党员大会、村民代表会等方式,深入宣传党支部领办合作社的经营管理模式和重要意义,提高农民群众入社积极性。结合本村实际,最终商定以党支部牵头、群众入股的方式成立合作社,确定了"传统种植保本、特色种植创收"的种植模式和"保底分红+二次分红"的分配模式。村集体以土地入股方式入股,占比10%,吸纳69户村民以土地、资金等方式入股,占比90%。目前,合作社已种植花椒树30亩、小麦玉米种子培育田270亩,社员保底分红1200元/亩。通过"四议两公开"程序,科学确定本村党组织领办合作社的主营业务、组织形式和发展规模,加强经验总结,进行重点培育,打造党支部领办合作社典型,通过先进带后进、强村带弱村,扩大示范效应,助推全镇提升。

(二)公司领办合作社

公司领办合作社是由投资者所持有的企业带动农户创办,公司作为法人社员,享有投票权和按股分红权利的合作社。这类合作社一般由专门从事农业营销、加工、服务的企业提供资金、技术、管理等,农民提供场地、原材料、劳动力等,可以充分发挥企业在技术、资金和销售上的优势,联结农户,对接市场,形成紧密的产销体系。

【案例】

为满足种粮小农户对粮食生产社会化服务日益增长的需求,2011年,常德市锦绣千村植保有限公司联合10户水稻种植大户共同发起成立了湖南锦绣千村农业专业合作社。合作社现有成员6691户,其中企业成员26家、农户成员6665户。其中,企业成员综合实力较强,农民成员种植规模不均,地块分散。为帮助小农户成员解决经营困难,合作社从单一的农资采购配送服务开始,逐步覆盖产前、产中、产后各个环节,为成员提供农资供应、技术指导、农机作业、业务培训、资金互助、产品购销等多种服务，涵盖水稻、油菜、蔬菜、葡萄、柑橘等农作物面积40多万亩，搭建起集"生产、供销、信用、培训"于一体的综合服务平台，为广大农民成员提供耕、种、管、收全程社会化服务，有效将小农户纳入了现代生产经营体系。合作社充分发挥植保公司的领办优势，通过创新组织结构、健全规章制度、开发智慧管理系统，实现了规范发展，打造出区域农业社会化服务综合体。

（三）农业大户领办合作社

农业大户领办合作社是指由农村专业大户或技术能手组织领办，把他们的技能、知识、管理经验和市场渠道等专业优势传授给其他农户，带动零散的小农户共同经营发展的合作社。农业大户在资源要素上占优势，他们通常拥有较高的文化程度和生产能力，可以教给成员先进的知识和技术经验，带领成员发家致富。

【案例】

李云凤是长春市云凤农牧专业合作社理事长，2020年，在世界乡村复兴大会组委会、山西农业大学共同主办的首届世界乡村复兴大会上，荣获了大会颁发的神农奖。李云凤研究出的生态农业种养相结合的"发酵床养猪法"，使玉米地、猪舍、厕所实现无污染和纯绿色的生态循环链，经过近17年的发展实践，将生态有机农业技术传播到更广袤的农村土地，带领更多的农民增收致富。合作社的生态猪养殖方式打破了传统养猪污染环境和疫病防治两大绕不开的难题，即使在非洲猪瘟横行的情况下，依然可以随意参观，并且采用"政府+公司+合作社+农户"生产模式，推广庭院经济，实施社员制和订单式营销方式，带动几百名社员合作生产，共同盈利。

第三节　合作社与其他经营主体的区别

合作社是新型农业经营主体的代表之一。新型农业经营主体是相对于传统农业经营主体（小农户）而言的，其经营规模较大，收入水平更高，规模化、集约化、专业化、市场化和社会化程度更高。主要包括合作社、农业企业、家庭农场和专业大户。其中，专业大户和家庭农场是家庭经营，合作社和农业企业是合作经营、集体经营或者企业经营。其具体区别如下：

一、农业企业与合作社的区别

农业企业是指通过种植、养殖、采集、渔猎等生产经营而取得产品的营利性经济组织，属于企业范畴，其与合作社的区别在于：

第一，成立目的不同。农业企业是通过各种经营而取得产品的营利性经济组织，获得利润是企业的根本目的；合作社最主要的目的是为成员服务，谋求全体成员的共同利益，其对外经营和盈利服从于为成员提供服务。

第二，服务对象不同。农业企业提供农作物栽培业、林业、畜牧业、渔业和副业等服务；合作社成立的宗旨是服务成员，为成员提供生产资料的购买，农产品的加工、销售、运输等技术与服务。

第三，成员不同。农业企业的成员只要具有完全民事行为能力即可；合作社的成员以农民为主体，且根据法律规定，合作社成员中的农民成员必须占80%以上。

第四，决策机制不同。农业企业实行资本决策，股东在决定公司重大事务时按出资比例行使表决权，出资越高，表决权越大；合作社的重大事项决策实行一人一票制，成员无论出资多少，都享有一票的表决权。

第五,退出机制不同。农业企业的股东不能撤回出资,只能向他人转让股份;合作社实行"退社自由"原则,成员可以自由退出不受限制。

第六,盈利的分配方式不同。农业企业按股东的出资比例分配利润;合作社的盈余分配基础是成员和合作社之间的交易量,盈余主要按成员与其的交易量(额)比例返还,成员与合作社的交易量(额)越大,从合作社获得的盈余分配也就越多。

二、家庭农场与合作社的区别

家庭农场是指以家庭成员为主要劳动力,从事农业规模化、集约化、商品化生产经营,并以农业收入为家庭主要收入来源的新型农业经营主体。其与合作社的区别在于:

第一,所有权不同。家庭农场是由单个家庭或个人拥有和经营的农场;合作社是由几个农民或农业生产者共同拥有和经营的组织。

第二,经营方式不同。家庭农场依托家庭,以家庭为单位从事农业生产经营活动;合作社无须依托家庭,是农户自愿联合、民主管理,结合而成的互助性经济组织。

第三,内部联结方式不同。家庭农场更多以家庭、血缘、宗族等情感为纽带;合作社主要以契约为联结。

第四,决策机制不同。家庭农场的决策由农场主或家庭成员单独做出;合作社的决策通常是由成员共同参与和决定的,每个成员都有平等的发言权。

第五,分工和组织结构不同。家庭农场通常由家庭成员共同协作,没有明确的分工和组织结构;合作社具有一定的组织结构,即成员大会、理事会及监事会,以便更高效地进行管理和运营。

第二章　合作社的设立、
登记与示范社评选

第一节　合作社的设立与登记

一、合作社的设立

符合法定的设立条件，是农民专业合作社成立的前提。《中华人民共和国农民专业合作社法》第二章第十二条规定了农民专业合作社设立的基本条件：

（一）有五名以上符合本法第十九条、第二十条规定的成员

这些成员包括具有民事行为能力的公民，以及从事与合作社业务直接有关的生产经营活动的企业、事业单位或者社会组织。能够利用合作社提供的服务，承认并遵守合作社章程，履行章程规定的入社手续的，可以成为合作社的成员。但是，具有管理公共事务职能的单位不得加入合作社。合作社应当置备成员名册并报登记机关。合作社的成员中，农民至少应当占成员总数的80%。成员总数20人以下的，可以有一个企业、事业单位或者社会组织成员；成员总数超过20人的，企业、事业单位和社会组织

成员不得超过成员总数的5%。

（二）有符合本法规定的章程

合作社章程应当载明下列事项：①名称和住所；②业务范围；③成员资格及入社、退社和除名；④成员的权利和义务；⑤组织机构及其产生的办法、职权、任期、议事规则；⑥成员的出资方式、出资额，成员出资的转让、继承、担保；⑦财务管理和盈余分配、亏损处理；⑧章程修改程序；⑨解散事由和清算办法；⑩公告事项及发布方式；⑪附加表决权的设立、行使方式和行使范围；⑫需要载明的其他事项。

（三）有符合本法规定的组织机构

合作社的组织机构包括：成员大会或者成员代表大会（成员人数超过150人的合作社，可以按照章程规定设立成员代表大会）、理事长或者理事会、执行监事或者监事会。其中理事长和成员大会必须设立，其余机构由合作社根据实际情况决定是否设立。

（四）有符合法律、行政法规规定的名称和章程确定的住所

合作社的名称登记应当符合我国法律关于商号登记的有关规定，合作社商号享有专有使用权。合作社的住所是指法律上确认的合作社主要经营场所，既可以是专门的场所，也可以是某个成员的家庭住址。

（五）有符合章程规定的成员出资

合作社成员可以用货币出资，也可以用实物、知识产权、土地经营权、林权等可以用货币估价并可以依法转让的非货币财产，以及章程规定的其他方式作价出资；但是，法律、行政法规规定不得作为出资的财产除外。合作社成员不得以对该社或者其他成员的债权，冲抵出资；不得以缴纳的出资，抵销对该社或者其他成员的债务。

此外，设立农民专业合作社，应当召开由全体设立人参加的设立大会。设立大会是设立合作社的必经程序，由全体设立人组成，设立人是合作社设立时自愿成为该社成员的人。召开设立大会时，全体设立人都要参加，并就合作社管理和运转有关事项达成一致。设立大会行使下列职权：

第一，通过本社章程，章程应当由全体设立人一致通过。章程是合作

社成员之间合作的基础性文件，对全体成员具有约束力，所有成员都必须严格遵守章程的规定，如成员的权利和义务、成员的出资额和出资方式、盈余分配和亏损处理等。章程必须由全体设立人一致通过。任何未经全体设立人一致通过的章程性文件，都不能称之为章程并发挥章程的作用。

第二，选举产生理事长、理事、执行监事或者监事会成员。理事长作为合作社的法定代表人，是合作社的必设机构。而执行监事或者监事会作为监督机关，合作社可以根据自身的需要决定是否设立，以及选择设立执行监事还是监事会。经理不是合作社的必设机构，可由理事长或者理事兼任。

第三，审议其他重大事项。前两项职权是法律赋予设立大会的必须履行的职权，是法定事项。但由于每个合作社的具体情况有所不同，需要在设立大会上讨论通过的事项也有所差异，应以符合合作社实际需要为主。

二、合作社的登记

合作社的登记是商事登记的一种，登记的内容和范围要符合法律规定。登记对合作社而言，是其获得法律地位、取得法律保护的重要途径和手段之一。经过登记的合作社可以同其他市场主体一样，平等地参与市场竞争，开展交易和生产经营活动。

合作社的登记对保障交易安全有着重要意义。合作社通过登记可以公示该社的经营身份、经营状况、经营能力，确立经营信誉，有利于合作社的交易人或社会公众对其经营相关的基本情况有清晰的了解，保护交易相对人和社会公众的利益。此外，通过登记，国家可以及时了解和监测合作社的经营状况，以便更好地实施宏观调控，营造更加适合合作社发展的法律环境。

（一）登记程序

《中华人民共和国农民专业合作社法》第二章第十六条规定：设立农民专业合作社，应当向工商行政管理部门提交下列文件，申请设立登记：①登记申请书；②全体设立人签名、盖章的设立大会纪要；③全体设立人签名、盖章的章程；④法定代表人、理事的任职文件及身份证明；⑤出资成员签名、盖章的出资清单；⑥住所使用证明；⑦法律、行政法规规定的其他文件。登记机关应当自受理登记申请之日起二十日内办理完毕，向符合登记条件的申请者颁发营业执照，登记类型为农民专业合作社。

（二）登记机关

农民专业合作社的登记机关是工商行政管理部门，工商行政管理部门需要核定注册单位名称，审定、批准、颁发有关证照并实行监督管理。申请设立登记的合作社应当向工商行政管理部门提交上述 7 项文件，这些文件是合作社组织合法存在的证明，也是成员资格和权利有效存在的重要证明，其真实可靠性是保证社会交易安全的要求。《中华人民共和国农民专业合作社法》第九章第七十条规定：农民专业合作社向登记机关提供虚假登记材料或者采取其他欺诈手段取得登记的，由登记机关责令改正，可以处五千元以下罚款；情节严重的，撤销登记或者吊销营业执照。

（三）登记流程

农民专业合作社的登记流程由申请、审查、核准发照以及公告阶段组成：①申请。合作社提出的创设、变更农民专业合作社有关登记事项的行为，必须以书面形式提出，并且应该按照有关法律的规定提交相关文件、证件等。如果合作社的经营活动是必须经行业主管机关许可的，还须提交相应的许可证明。只有符合法定要求，登记机关才能受理。②审查。受理登记申请的机关在收到申请者所提交的申请之后，于法定期限内，对申请者所提交的申请内容依法进行审查。③核准发照。登记机关在收到申请人的申请及相关的材料并予以审核之后，应在法定期限内将审查、审核的结果，即核准登记或不予登记的决定，及时通知申请人。对于核准登记的农民专业合作社，应该及时颁发有关证明。④公告。将登记的有关事项通过有效的途径使利益相关人知晓，以便于商事交易的进行、公众监督、保障交易各方的合法权益。

（四）登记时限、类型和费用

农民专业合作社的登记办法由国务院规定，登记机关应当自受理登记申请之日起二十日内办理完毕，向符合登记条件的申请者颁发营业执照，登记类型为农民专业合作社。这里的登记申请包括设立登记、变更登记和注销登记。此外，合作社办理登记不得收取费用。即办理任何类型的合作社登记都不得以任何理由和借口，以任何形式向合作社收取任何费用。

（五）变更登记

为了保证登记事项的及时有效，维护合作社及其交易人的合法权益，稳定社会交易环境，合作社法定登记事项发生变更的，应当申请变更登记。法定登记事项变更主要包括：经成员大会法定人数表决修改章程的；成员及成员出资情况发生变动的；法定代表人、理事变更的；合作社的住所地变更的；法律规定的其他情况发生变化的。这些登记事项对合作社的存在和经营有很大的影响，直接影响交易活动的正常开展和交易方的合法权益，所以为了保障社会经济秩序的稳定，规范市场主体的资格和行为，在这些事项发生变化时，合作社必须到登记机关进行变更登记。如果没有按照有关登记办法和规定进行变更登记，则须承担由此产生的法律后果。

（六）登记信息共享

农民专业合作社登记的基础数据应当及时通报农业、林业等有关部门，以便于对合作社的指导、扶持和服务。《中华人民共和国农民专业合作社法》第二章第十六条规定：登记机关应当将农民专业合作社的登记信息通报同级农业等有关部门。此外，合作社在依法向有关主管部门提供的财务报告等材料中，作虚假记载或者隐瞒重要事实的，依法追究法律责任。

（七）年度报告公示

农民专业合作社应当按照国家有关规定，向登记机关报送年度报告，并向社会公示。此项年报公示要求旨在清理整顿不规范的合作社。国家市场监督管理总局实行合作社年度报告登记管理，对未按时报送年报的合作社将列入经营异常名录。合作社连续两年未从事经营活动的，吊销其营业执照。农业部应及时通报并督促各地指导合作社按时报送年度报告，将年度报告结果列入国家示范社评定监测范畴。

第二节　联合社的设立与登记

一、联合社的设立

合作社为扩大生产经营和服务的规模，发展产业化经营，提高市场竞争力，可以依法自愿设立或者加入农民专业合作社联合社。《中华人民共和国农民专业合作社法》第七章第五十六条规定了农民专业合作社联合社设立的基本条件：

（一）有三个以上的农民专业合作社

联合社的成员为农民专业合作社，且合作社数量应在三个以上。联合社是合作社根据发展需要，自愿联合、民主管理的互助性经济组织，是合作社之间的联合。如果其他法人主体，如农业企业、家庭农场、种养殖大户、农业服务组织等要求参加联合社的，需要通过参与或领办合作社的形式加入联合社。

（二）有由联合全体成员制定并承认的章程

联合社章程应当载明下列事项：①名称和住所；②业务范围；③成员资格及入社、退社和除名；④成员的权利和义务；⑤组织机构及其产生的办法、职权、任期、议事规则；⑥成员的出资方式、出资额，成员出资的转让、继承、担保；⑦财务管理和盈余分配、亏损处理和债务承担；⑧章程修改程序；⑨解散事由和清算办法；⑩公告事项及发布方式；⑪需要载明的其他事项。

（三）有符合法律规定的组织机构

联合社应当具备的组织机构包括成员大会、理事会（理事长）和监事会（监事长、执行监事）。其中，成员大会是联合社的必设机构和权力机构，其职权包括修改联合社章程，选举和罢免联合社理事长、理事和监事，决定联合社的经营方案及盈余分配，决定对外投资和担保方案等重大事项。对成员大会选举和表决，实行一社一票。联合社不设成员代表大会，可以根据需要设立理事会、监事会或者执行监事。理事长是联合社的法人代表，理事会、监事会（监事长、执行监事）等可根据联合社的需要设立。

（四）有符合法律规定的名称和住所

联合社的名称要反映其真实情况，符合我国有关商号登记的规定，且标明"专业合作社联合社"字样。在设立联合社时，应当明确联合社的住所并记载在章程中，联合社可以与其成员使用同一住所。

（五）有符合章程规定的成员出资

联合社是以合作社为成员的联合组织，突出成员社的联合与合作，更加注重效率，出资是成员社履行义务和承担责任的体现，各成员社的出资应按照《中华人民共和国农民专业合作社法》第二章第十三条关于农民专业合作社出资的规定执行。

二、联合社的登记

《中华人民共和国农民专业合作社法》第七章第五十七条规定：农民专业合作社联合社依照本法登记，取得法人资格，领取营业执照，登记类型为农民专业合作社联合社。规定了农民专业合作社联合社登记的依据、程序和登记类型。

（一）登记程序

与农民专业合作社的登记类似，设立农民专业合作社联合社时也应该向工商行政管理部门提出登记申请，并提交登记所需文件：①登记申请书；②设立时全体成员合作社的法人执照、盖章的设立大会纪要；③设立时全体成员合作社盖章的章程；④法定代表人、理事的任职文件及身份证明；⑤出资成员合作社理事长的签名及合作社盖章的出资清单；⑥住所使用证明；⑦法律、行政法规规定的其他文件。需要注意的是，申请登记的文件是联合社合法存在的证明，也是成员资格和权利有效存在的证明，需保证文件的真实性和可靠性。

（二）登记流程

农民专业合作社联合社的登记程序与合作社的登记程序类似，由申请、审查、核准发照等环节组成：①申请。联合社提出的创设、变更农民专业合作社联合社有关登记事项的行为，必须以书面形式提出，并且应当按照有关法律规定提交相关的文件、证件等。如果联合社的经营活动是须经行业主管机关许可的，还须提交相应的许可证明，凭批准文件才能在工商行政管理部门变更登记开展相关业务。②审查。登记机关在收到申请人的申请及相关材料并予以审核之后，应在法定期限内将审核结果告知申请人。③核准发照。对于核准登记的联合社，及时颁发有关证明，如营业执照。

（三）登记时限、类型和费用

合作社关于登记时限和费用的规定同样适用于联合社，即依据《中华人民共和国农民专业合作社法》第二章第十六条规定：登记机关应当自受理登记申请之日起二十日内办理完毕，向符合登记条件的申请者颁发营业执照。办理登记不得收取费用。联合社的登记类型为农民专业合作社联合社，这意味着联合社与合作社、公司企业等具有平等的市场主体地位。

（四）变更登记

农民专业合作社联合社的登记机关是住所所在地的县（市）、区以上工商行政管理部门。当联合社的法定登记事项发生变更时，需要向登记机关提出变更登记的申请。法定登记事项变更主要包括：经成员大会法定人数表决修改章程的；成员及成员出资额情况发生变动的；法定代表人、理事变更的；联合社住所地变更的；法律法规规定的其他情况发生变化的。上述事项发生变化时，联合社必须到登记机关进行变更登记。如果没有按照有关登记办法和规定进行变更登记，则须承担由此产生的法律后果，由登记机关责令改正；情节严重的，吊销营业执照。

第三节　示范社的申报与评选

合作社示范社是围绕依法登记设立、实行民主管理、财务管理规范、经济实力较强、为农服务成效明显、产品（服务）质量安全、社会声誉良好等方面内容，着力培育的一批管理规范化、生产标准化、经营品牌化、运营市场化的合作社。合作社示范社一般包含国家级、省级、市县级三种级别。由于各地区基层市县的自然和经济条件千差万别，其示范社的评选标准也不尽一致，因此，本节仅对国家和省级示范社的申报和评选标准进行介绍。

一、国家示范社标准与申报

截至 2022 年 12 月，国家统计局及各省农业农村局的数据汇总可知，国家示范社共有 1751 家，省级示范合作社共有 15132 家，以下将具体说明国家和省级示范社的申报标准和评选条件。

（一）国家示范社的评选标准

申报国家示范社的农民合作社应当遵守法律法规，原则上应是省级示范社，并符合以下标准：

1. 依法登记设立

（1）依照《中华人民共和国农民专业合作社法》登记设立，运行 2 年以上。

（2）有固定的办公场所和独立的银行账号。

（3）根据本社实际情况并参照农业农村部《农民专业合作社示范章程》《农民专业合作社联合社示范章程》，制订本社章程。

2. 实行民主管理

（1）成员（代表）大会、理事会、监事会等组织机构健全，运转有效。

（2）有完善的财务管理、社务公开、议事决策记录等制度。

（3）每年至少召开1次成员大会并对所议事项的决定作成会议记录，所有出席成员在会议记录上签名。

（4）成员大会选举和表决实行一人一票制；采取一人一票制加附加表决权办法的，附加表决权总票数不超过本社成员基本表决权总票数的20%。

3. 财务管理规范

（1）配备必要的会计人员，按照财政部制定的相关财务会计制度规定，设置会计账簿，编制会计报表，或委托有关代理记账机构代理记账、核算。财务会计人员不得兼任监事。

（2）成员账户健全，成员的出资额、公积金量化份额、与本社的交易量（额）和返还盈余等记录准确清楚。

（3）可分配盈余主要按照成员与本社的交易量（额）比例返还，返还总额不低于可分配盈余的60%。

（4）国家财政直接补助形成的财产平均量化到成员账户。

4. 实力较强

（1）农民合作社成员出资总额100万元以上，联合社成员出资总额300万元以上。

（2）农民合作社固定资产：东部地区150万元以上，中部地区100万元以上，西部地区50万元以上。联合社固定资产：东部地区400万元以上，中部地区300万元以上，西部地区100万元以上。

（3）农民合作社年经营收入：东部地区400万元以上，中部地区300万元以上，西部地区150万元以上。联合社年经营收入：东部地区700万元以上，中部地区500万元以上，西部地区300万元以上。林业合作社以近两年经营收入的平均数计算年经营收入。

（4）农民用水合作组织规模：农民用水户达 100 户以上，管理有效灌溉面积 500 亩以上。

5. 服务成效明显

（1）坚持服务成员的宗旨，农民成员占成员总数的 80% 以上。

（2）从事一般种养业合作社成员数量达 100 人以上，从事特色农林种养业、牧民合作社的成员数量可适当放宽。企业、事业单位和社会组织成员不超过成员总数的 5%。联合社的成员社数量达 5 个以上。

（3）农民用水合作组织在工程维护、分水配水、水费计收等方面成效明显，农业用水秩序良好。

6. 产品（服务）质量优

（1）实行标准化生产（服务），有生产（服务）技术操作规程，建立农产品生产记录，采用现代信息技术手段采集、留存生产（服务）记录、购销记录等生产经营（服务）信息。

（2）严格执行农药使用安全间隔期、兽药休药期等规定，生产的农产品符合农产品质量安全强制性标准等有关要求。鼓励农民合作社建立农产品质量安全追溯和食用农产品合格证等制度。

7. 社会声誉良好

（1）遵纪守法，社风清明，诚实守信，示范带动作用强。

（2）没有发生过生产（质量）安全事故、生态破坏、环境污染、损害成员利益等严重事件，没有受到行业通报批评等造成不良社会影响，无不良信用记录，未涉及非法金融活动。

（3）按时报送年度报告并进行公示，没有被列入经营异常名录。

（4）没有被有关部门列入失信名单。此外，国家示范社的评定向欠发达地区的农民合作社和生态帮扶合作社可以适当倾斜，申报标准可以适当放宽；各地申报国家示范社要兼顾产业分布，对生产经营粮食和大豆油料等重要农产品及提供相关服务的农民合作社予以名额适当倾斜和优先考虑；申报国家示范社的农民合作社应提交本社基本情况等有关材料，对所提交材料真实性负责，并接受社会监督和失信惩戒。

（二）国家级示范社的申报与评定

1. 申报程序

国家示范社每两年进行一次评定。符合上述评选标准的合作社如果要评定国家示范社，则需要通过以下步骤进行申报（以2022年国家农民合作社示范社申报要求为例）：

（1）提出申请。符合条件的申报主体向所在地县级农业农村部门及其他相关业务主管部门自愿申报，并承诺未开展非法金融活动。县级农业农村部门组织申报主体通过国家农民合作社示范社管理系统填报申报材料（见表2-1）。

表2-1　国家农民合作社示范社申报单位情况表

基本情况表								
1	2	3	4	5	6	7	8	9
农民合作社名称	理事长情况	地址	邮编	电话	注册登记时间	实有成员情况	成员出资总额（万元）	信用等级

| | 姓名 | 身份证号 | 文化程度 | 社会兼职 | | | | 成员合作社数（仅联合社填写） | 实有成员总数/成员社实有成员数 | 其中：农民成员数 | | |

资产负债及收益情况表						
10	11	12	13	14	15	16
期末贷款余额（万元）	盈余返还总额（万元）	可分配盈余按成员与本社交易量（额）返还比例	固定资产净值（万元）	年经营收入（万元）	获得财政扶持资金总额（万元）	成员社内年均所得收入（元）
2020年 / 2021年	2020年 / 2021年		2020年 / 2021年	2020年 / 2021年	2020年 / 2021年	2020年 / 2021年

主要生产经营服务情况表（一）											
17	18	19	20	21	22	23	24	25	26	27	28
主要生产经营项目	农作物种植面积（亩）	农作物产量（吨）	畜禽出栏产量（头、只）	畜禽年末存栏总量（头、只）	畜禽产品总量（吨）	水产养殖面积（亩）	水产品产量（吨）	特色产品产量（吨）	特色产品总量（吨）	植保合作社服务面积（亩）	农机拥有量（台、套）	农机合作社作业服务面积（亩）

续表

主要生产经营服务情况表（二）									
29	30	31			32				
休闲农业收入（万元）	手工业产品总值（万元）	信用合作资金规模（万元）			林业合作社情况（仅限林业合作社填写）				
		2020 年	2021 年	林业种植面积（亩）	木材等林产品总量（立方）	造林绿化增量（亩）	林业种苗培育面积（亩）	是否承担林业重点工程	是否获得森林产品认证

产品（服务）质量安全情况表									
33	34	35					36	37	38	39
是否获得省级以上科技奖励或荣誉	是否建有质量管理制度	农资统一管理、统一配送率（%）					是否建立质量安全追溯制度	是否建立生产记录档案制度	产品通过以下哪种认证	通过ISO9000，HACCP 等质量认证情况
		农（兽）药	种子（苗）	种畜禽	饲料	肥料	有机			绿色	地理标识	

农民合作社 2021 年经营情况报告
（1500 字以内）

资料来源：《农业农村部关于开展 2022 年国家农民合作社示范社申报工作的通知》，http：//www. moa. gov. cn/nybgb/2022/202206/202206/t20220630_6403805. htm。

（2）材料审查与意见征求。县级农业农村部门会同水利、林草、供销等部门和单位，负责对申报材料进行真实性审查，征求发改、财政、税务、市场监管、银行保险监管、地方金融监管等部门意见，经地（市）级农业农村部门会同其他业务主管部门和单位复核，报省级农业农村部门。

（3）复核与推荐。省级农业农村部门会商发改、财政、税务、市场监管、水利、银行保险监管、地方金融监管、林草、供销等部门和单位，严格按照相关规定，通过国家企业信用信息公示系统核对申报主体的名称、统一社会信用代码、法定代表人等信息，核查行政处罚记录、经营异常名录、严重违法失信企业名单等情况，地方金融监管部门对是否开展非法金融活动作出复核。经省级有关主要媒体公示无异议，以省级农业农村部门文件向全国联席会议办公室等额推荐，不得超额报送，在申报国家示范社总体情况说明中写明申报主体是否已作出"未开展非法金融活动"的承诺。

2. 申报材料

通过国家农民合作社示范社管理系统（www. zgnmhzs. cn）完成申报单位基本情况填报并在线提交，同时将以下材料纸质版（1份）报送至全国联席会议办公室（农业农村部农村合作经济指导司）。

（1）省级农业农村部门正式推荐文件。

（2）已征求部门意见的相关材料（会议纪要、会签文件等）。

（3）示范社证明文件。包含《国家农民合作社示范社申报名单汇总表》（见表2-2）、《全国农民用水合作示范组织申报名单汇总表》（见表2-3）、《××省份（兵团、计划单列市）申报国家农民合作社示范社总体情况说明》（见表2-4），上述纸质版材料要求通过国家农民合作社示范社管理系统生成并打印，电子版通过系统同步提交（见图2-1）。

表2-2 国家农民合作社示范社申报名单汇总表

申报单位（章）：填表日期： 年 月 日

序号	农民合作社名称	登记日期	实有成员总数（人）	成员出资总额（万元）	主要产业	固定资产（万元）	年经营收入（万元）	理事长		是否为省级示范社
								姓名	联系电话	
⋮										

表 2-3 全国农民用水合作示范组织申报名单汇总表

申报单位（章）：填表日期：年 月 日

序号	农民用水合作组织名称	登记日期	实有成员总数（人）	成员出资总额（万元）	主要产业	固定资产（万元）	年经营收入（万元）	负责人	
								姓名	联系电话
⋮									

表 2-4 ××省份（兵团、计划单列市）申报国家农民合作社示范社总体情况说明

各省份（兵团、计划单列市）要对申报的国家农民合作社示范社及全国农民用水合作示范组织有关情况进行汇总分析，形成文字说明材料和汇总表。材料应包括以下内容：

1. 本省份（兵团、计划单列市）申报工作简要情况；
2. 申报国家示范社及用水示范组织的产业分布情况；
3. 申报国家示范社及用水示范组织的内部制度和规范化建设情况；
4. 申报国家示范社及用水示范组织的收益分配和带动农民增收情况；
5. 申报国家示范社及用水示范组织的品牌建设情况；
6. 申报国家示范社及用水示范组织所获有关荣誉情况；
7. 申报主体是否作出"未开展非法金融活动"的承诺。

图 2-1 国家农民合作社示范社管理系统

资料来源：中华人民共和国农业农村部官网。

3. 评定程序

（1）工作组根据各省（区、市）农业农村主管部门推荐意见，对国家示范社申报材料进行审查，提出国家示范社候选名单和复核意见。

（2）全国联席会议办公室根据工作组的意见和建议，形成评定工作报告报全国联席会议审定。

（3）在有关媒体上进行公示，公示期为 7 个工作日。对公示的农民合作社有异议的，由地方农业农村主管部门会同有关部门进行核实，提出处理意见。

（4）经公示无异议的合作社，获得国家农民合作社示范社称号，由全国联席会议有关部门和单位联合发文并公布名单。

（5）全国联席会议办公室将国家示范社名单汇总，建立国家示范社名录。

二、省级示范社标准与申报

省级示范社是指按照《中华人民共和国农民专业合作社法》《农民专业合作社登记管理条例》等法律法规成立，达到规定标准，并经省级认定，在全省范围内起示范引领、辐射带动作用的农民合作社。各个省份之间的政策、举措大同小异，各省份的省级示范社具体评定标准一般发布于该省农业农村厅官网（见图 2-2）。

图 2-2　农业农村厅官网省级示范社申报示例

（一）省级示范社的评选标准

申报省级示范社的农民合作社应当遵守法律法规，原则上应是市、县级示范社，并符合以下标准：

1. 依法登记设立

在市场监督管理部门依法登记注册，营业执照、统一社会信用代码证、银行开户行许可证齐全。有固定的办公场所并挂牌办公，有独立的银行账号，且正常运营的农民合作社。

2. 实行民主管理

有健全的成员（代表）大会、理事会、监事会（执行监事）等组织机构和完善的规章制度，机构运转有效，制度执行认真。每年至少召开 1 次成员（代表）大会并对所议事项的决定做成会议记录，所有出席成员在会议记录上签名。

3. 财务管理规范

配备必要的会计人员，按照相关制度规定，设置会计账簿，编制会计报表，或委托有关代理记账机构代理记账、核算。成员账户健全，成员的出资额、公积金量化份额、与本社的交易量（额）和返还盈余等记录准确清晰。可分配盈余主要按照成员与本社的交易量（额）比例返还，返还总额不低于可分配盈余的 60%。各级财政直接补助形成的财产平均量化到成员账户。

4. 经济实力较强

（1）从事主要粮食作物（水稻、玉米）种植的农民合作社，注册成员 5 户以上，当年单季种植面积 50 亩以上。

（2）从事植树造林、树苗花卉、森林管理、林下种植等林业经营的农民合作社，注册成员 5 户以上，种植面积 50 亩以上。

（3）其他从事种植业的农民合作社，注册成员 5 户以上，种植面积达 60 亩以上。

（4）从事养殖业的农民合作社，注册成员 5 户以上，养殖销售额 30 万元以上（或人均经营收入 2 万元以上）；入社成员年均增收 1000 元以上（或年终成员人均分红 500 元以上）。

（5）以提供农机、植保、科技、用水、农资等社会化服务为主要业务的农民合作社，注册成员 5 户以上、经营收入 10 万元以上，服务对象 20 户以上或单次服务面积 50 亩以上。

（6）生产鲜活农产品的农民合作社与"农社对接""农超对接""农校对接""农企对接""农批对接"等，销售渠道稳定畅通。

5. 服务成效明显

农民成员占成员总数的 80% 以上；成员主要生产资料统一购买率、主产品统一销售（提供）率超过 40%，成员收入较大幅度高于本区同行业非成员农户。

6. 产品监管严格

有严格的生产技术操作规范，建立完善的生产、包装、储藏、加工、运输、销售、服务等记录制度，实现产品质量可追溯；拥有下列权利中一项的优先入选：绿色食品、无公害农产品、有机农产品、注册商标、地理标志保护产品、专用标志核准使用或地理标志商标许可使用主体。

7. 社会声誉良好

遵纪守法，社风清明，诚实守信，在当地影响大、示范带动作用强；没有发生生产（质量）安全事故、生态破坏、环境污染、损害成员利益等严重事件，没有受到行业通报批评等造成不良社会影响，无不良信用记录。

8. 其他要求

（1）已获得国家级、省级、市级、区级示范合作社称号的不得重复申报。

（2）凡被列入"经营异常名录"（未在"国家企业信用公示系统"中按时报送年度报告），未在税务部门进行税务登记，且未按时进行税务申报的合作社不得申报。

（二）省级示范社的申报

1. 申报程序

省级示范社每两年进行一次评定。符合上述评选标准的合作社如果要评定省级示范社，则需要通过以下步骤进行申报：

（1）申请。符合条件的农民专业合作社向省农业综合服务中心提出申请，提交相关申报材料，并对申报材料的真实性和合法性负责。

（2）审核。省农业综合服务中心对申报材料进行真实性审查并签署意见，将审查符合条件的合作社上报省人民政府。

（3）认定。省人民政府牵头成立专项工作小组对申报材料进行审核。评审初定名单通过省政务公开栏向社会公示，公示期不少于5天，公示无异议的，由省人民政府发文公布，并作为今后项目优先支持依据。

2. 申报材料

由于不同省份对其省级示范社的具体申报材料要求不尽相同，此处进行举例说明，不具有唯一性，具体申报材料及相关要求应参照各省的农业农村厅官方网站。

（1）农民专业合作社登记（备案）申请书（见表2-5）。

（2）合作社营业执照复印件。

（3）年度成员（代表）大会记录及会议签到表。

（4）合作社成员花名册（见表2-6）。

（5）合作社成员出资清单（见表2-7）。

（6）合作社财务报表（包括资产负债表和盈余分配表）。

（7）从事种植类的合作社需提供种植面积佐证材料，从事养殖类的合作社需提供动物检疫合格证。

（8）评为市、县级示范社的相关证书和文件复印件。

（9）其他材料（如获得无公害农产品、绿色食品、有机食品认证、农产品地理标志认定、自治区级名优农产品、著名商标、全国驰名商标、农产品注册商标等证书或授权书等）。

申报材料要求装订成册，按照认定标准条文顺序装订成册（有封面、目录和标注页码），便于查阅资料，A4纸张打印，并提供电子文档。所有复印件须加盖农民专业合作社公章，确认与原件一致，报送省人民政府。

表2-5 农民专业合作社登记（备案）申请书

□基本信息（必填项）			
农民专业合作社类型	□农民专业合作社　　□农民专业合作社联合社		
名　称	北京×××养殖专业合作社		
统一社会信用代码（设立登记不填写）	9111000××××××××××		
住所/主要经营场所	×××市区××街××号××室（门牌号）		
联系电话	139××××××××	邮政编码	1000××
□设立（仅设立登记填写）			
成员出资总额	+−　×××万元		
申领纸质执照	√申领纸质执照　其中：副本__×个（电子执照系统自动生成，纸质执照自行勾选）		
业务范围（根据登记机关公布的经营项目分类标准办理经营范围登记）			

注：1. 本申请书适用于农民专业合作社申请设立、变更、备案、注销。

2. 申请书应当使用A4纸。依本表打印生成的，使用黑色或蓝色墨水钢笔或签字笔签署；手工填写的，使用黑色或蓝色墨水钢笔或签字笔工整填写、签署。

□变更（仅变更登记填写，只填写与本次申请有关的事项，可另附页）		
事项	□名称　□住所　□出资总额　□经营范围　□法定代表人（姓名）	
变更事项	原登记内容	变更后登记内容
注：变更事项包括名称、住所、出资总额、经营范围、法定代表人（姓名）。		
□备案（仅备案填写）		
□章程（章程修正案）　□成员　□联络员		
□注销（仅注销登记填写）		
注销方式	□普通注销　□简易注销	

续表

注销原因	□成员大会决议解散。 □章程规定的解散事由出现。 □因合并或分立需要解散。 □依法被吊销营业执照、责令关闭或者被撤销。 □法律、行政法规规定的其它情形：＿＿＿＿＿＿。		
公告情况	□通过国家企业信用信息公示系统公告 公告日期：＿＿＿＿＿ □通过报纸公告（仅限普通注销） 公告日期：＿＿＿＿＿		
清税情况	□已清理完毕 □未涉及纳税义务		
债权债务清理情况	□已清理完毕 □无债权债务		
分支机构注销情况	□已注销完毕 □无分支机构		
适用情形 （简易注销填写）	□未开业	□未发生债权债务	□债权债务已清算完结
	□无债权债务	□未发生债权债务	□债权债务已清算完结
	□人民法院裁定强制清算终结 □人民法院裁定破产程序终结		
□指定代表/委托代理人（必填项）			
委托权限	1、同意√不同意□核对登记材料中的复印件并签署核对意见； 2、同意√不同意□修改企业自备文件的错误； 3、同意√不同意□修改有关表格的填写错误； 4、同意√不同意□领取营业执照和有关文书。		
固定电话	010-××××××	移动电话	138××××××× 指定代表/委托代理人签字
（指定代表或者委托代理人身份证件复、影印件粘贴处） （请正反面粘贴）			
□申请人签署（必填项）			

本申请人和签字人承诺如下，并承担相应的法律责任：

1、向登记机关提交的材料文件和填报的信息真实、准确、有效、完整。

2、使用的名称符合《企业名称登记管理规定》有关要求，不含有损国家、社会公共利益或违背公序良俗及有其他不良影响的内容；名称与他人使用的名称近似侵犯他人合法权益的，依法承担法律责任；如使用的名称被登记机关认定为不适宜名称，将主动配合登记机关进行纠正。

3、已依法取得住所（经营场所）使用权，申请登记的住所（经营场所）信息与实际一致。

4、经营范围涉及到法律、行政法规、国务院决定规定、地方行政法规和地方规章规定，需要办理许可的，在取得相关部门批准前，不从事相关经营活动。不从事本市产业政策禁止和限制类项目的经营活动。

5、本合作社一经设立将自觉报送年度报告，依法主动公示信息，对报送和公示信息的真实性、及时性负责。

6、本合作社一经设立将依法纳税，依法缴纳社会保险费，自觉履行法定统计义务，严格遵守有关法律法规的规定，诚实守信经营。

法定代表人签字：

清算组负责人签字（仅限注销登记）：

盖 章

年 月 日

注：农民专业合作社（联合社）更换法定代表人的变更登记申请由新任法定代表人签字。

表 2-6 农民专业合作社成员名册

序号 \ 项目	成员姓名或名称	证件名称及号码	住所	成员类型
1				
2				
3				
4				
5				
6				
7				
8				
9				
10				
11				
12				
成员情况				
成员总数	_____（名）			
成员中的农民成员	_____（名），所占比例____%。			
成员中的企业、事业单位或社会团体成员	_____（名），所占比例____%。			

本农民专业合作社的成员符合《农民专业合作社法》第十九条、第二十条的规定，并对此承诺的真实性承担责任。

法定代表人签字：

年　月　日

表 2-7 农民专业合作社成员出资清单

序号 \ 项目	出资成员姓名或名称	出资方式	出资额（元）	出资成员签名或盖章

续表

序号＼项目	出资成员姓名或名称	出资方式	出资额（元）	出资成员签名或盖章

注：成员为自然人的由本人签字，为法人和其他组织的由法定代表人、负责人或有权签字人签字，并加盖公章。

成员出资总额：＿＿×××× ＿＿（元）

法定代表人签字：

年　月　日

第三章　合作社理事长与成员

第一节　合作社理事长

一、合作社理事长资格

　　理事长作为合作社的"领头羊"，其个人素质和能力对合作社发展具有关键作用。因此，合作社必须设立理事长作为合作社的法定代表人（见表3-1），以更好地管理合作社，提高合作社绩效及成员的经济效益。在实践中，合作社理事长主要由以下人群担任：第一，规模较大或拥有专业技术的农业生产大户，这类人群拥有较高的生产能力，可以更好地为合作社提供技术服务，带领成员发家致富；第二，返乡创业人员、农村企业家等具备企业家才能和具有一定资本积累的人，这类人群具备一定资金基础，通常文化程度较高、管理能力较强，可以增加合作社自有资本，提高合作社生产经营水平，推动合作社较快发展；第三，村党支部成员，由村干部担任合作社的理事长更容易团结村民、赢得信任，在合作社的组织构建、利益分配、任务分工等方面，提高工作效率。《中华人民共和国农民专业合作社法》第四章第三十三条规定：理事长、理事、执行监事或者监事会成员，由成员大会从本社成员中选举产生，依照本法和章程的规定行使职权，对成员大会负责。其产生办法、职权、任期、议事规则由章程规定。第四章第三十七条规定：合作社理事长、理事、经理不得兼任业务性质相同的其他农民专业合作社的理事长、理事、监事、经理。第四章第三十八条规定：执行与合作社业务有关公务的人员，不得担任农民专业合作社的理事长、理事、监事、经理或者财务会计人员。这些规定是为了保证合作社运行的公平公正。

表3-1　合作社法定代表人信息

本表适用于设立及变更法定代表人填写

姓　　名	×××	移动电话	138×××××××
身份证件类型	身份证	身份证件号码	×××
固定电话	×××	电子邮箱	×××@ CCC. COM
（身份证件复（影）印件粘贴处）			
《中华人民共和国农民专业合作社法》第三十七条规定："农民专业合作社的理事长、理事、经理不得兼任业务性质相同的其他农民专业合作社的理事长、理事、监事、经理。"第三十八条规定："执行与农民专业合作社业务有关的公务的人员，不得担任农民专业合作社的理事长、理事、监事、经理或者财务会计人员。" 本人符合《中华人民共和国农民专业合作社法》第三十七条、第三十八条的规定，并对此承诺的真实性承担责任。 法定代表人签字： 　　　　　　　　　　　　　　　　　　　　　　　　　　年　月　日			

二、合作社理事长的产生

合作社理事长通过成员大会选举产生，参与选举并成为理事长需要满足以下条件和环节：第一，最基本的身份条件是合作社成员；第二，要由本社成员通过成员大会选举产生；第三，成为理事长的资格条件还要根据本社章程而定。具体来说，所有成员都有权选举理事长、理事、执行监事或者监事会成员，也都有资格被选举为理事长、理事、执行监事或者监事会成员，法律另有规定的除外。

在选举环节中，合作社先是召开成员大会，出席人数应当达到成员总数的三分之二以上，成员大会选举理事长、理事、执行监事或者监事会成员的，应当由本社成员表决权总数过半数通过，如果章程对表决权有较高规定的，从其规定。

三、合作社理事长的权利

理事长作为本社的法定代表人，对内依照职权从事内部管理工作，对外可以以本社的名义从事经营活动，包括签署合同、处置资产和财产、代表合作社参加诉讼等。理事长必须依照《中华人民共和国农民专业合作社法》和本社章程的规定行使职权，对成员大会负责。理事长或者理事会负责执行成员大会的决策，包括生产经营活动如何进行等，具体职权则由本社章程规定。以下理事长权利均依据不同合作社的章程进行举例说明，不具有唯一性。

（1）召集并主持理事会会议，按章程主持成员（代表）大会。

（2）签署本社成员出资证明。

（3）设置内部管理机构，聘用或解聘合作社经理和部门负责人及工作人员，并制定奖惩办法和报酬标准。

（4）组织实施成员（代表）大会和理事会决议，检查决议实施情况。

（5）代表本社对外签订协议、合同和契约。

（6）履行成员（代表）大会和合作社授予的其他职权。

理事长除了需要行使上述职责外，还应注意不得有下列损害合作社利益的行为：侵占、挪用或者私分本社资产；违反章程规定或者未经成员大会同意，将本社资金借贷给他人或者以本社资产为他人提供担保；接受他人与本社交易的佣金归为己有；从事损害本社经济利益的其他活动。

《中华人民共和国农民专业合作社法》第四章第三十六条规定：理事长、理事和管理人员违反前款规定所得的收入，应当归本社所有；给本社造成损失的，应当承担赔偿责任。

四、合作社理事长的义务

理事长作为合作社发展的灵魂和核心，在行使权利时也应履行相应的义务，为合作社和成员服务。理事长的义务包括但不限于：

（一）合作社的日常管理

理事长负责合作社的日常运营和管理，包括但不限于合作社的生产、加工和营销等业务，反映成员的意愿和要求，维护成员的合法权益，确保合作社的日常管理顺利进行。积极进行业务拓展，组织成员参加培训和开展各种互助协作活动，促进合作社良好运营。

（二）合作社的发展战略和目标

理事长应具备战略眼光和决策能力，对合作社的发展方向进行规划和决策，制订本社的生产经营计划、发展规划、年度计划和内部管理制度等，确定合作社的发展目标和发展战略。

（三）财务监督和透明度

理事长有责任监督合作社的财务状况，组织编制年度业务报告、盈余分配方案、亏损处理方案以及财务会计报告，确保财务透明度，确保组织的财务状况真实可靠，不涉及违法违规行为。

（四）对外沟通和协商

理事长需要代表合作社与外部机构进行协商和沟通，如政府部门、行业协会、农业企业、农业推广部门等，建立和维护与其他机构良好的关系，搞好各项优惠政策的落实，积极争取合作社在行业内的利益。

（五）合作社的形象维护

理事长作为合作社的代表人，需要维护合作社的声誉和形象。确保合作社的经营活动合法合规，不参与不正当竞争、欺诈或者其他损害合作社利益的行为，促使合作社在市场中拥有良好的声誉。

【案例】

秦安县领鲜果业农民专业合作社理事长董晓梅自 2022 年 12 月当选为

甘肃省第十四届人大代表以来，时刻牢记代表使命，自觉履行义务，为合作社发展壮大、带动群众增收致富贡献力量。其创办的鲜果业合作社先后被认定为天水市重点龙头企业、天水市农村科普示范基地、天水市乡村就业工厂、2020 年度果品营销优秀企业、甘肃省科技创新型企业和甘肃省农业产业化重点龙头企业，个人也荣获甘肃省"百千万"创业引领工程"新型职业农民"创业达人选拔活动"创业达人入围奖"。2023 年，秦安县委、县政府把培育发展白脆瓜作为促进秦安农民增收的又一重要抓手，董晓梅充分发挥其市场销售经验，积极进行市场推介，引导当地群众大力发展白脆瓜产业，成功将秦安白脆瓜打入兰州国际高原夏菜市场，铺开了一条白脆瓜的热销路，帮助群众销售白脆瓜 16 万斤，销售额达 160 万元以上，解决了魏店及周边 5 个镇群众白脆瓜的销售问题，也为群众进一步发展白脆瓜产业增强了信心。

第二节　合作社成员

一、合作社成员资格

合作社成员资格是个体成为成员所具备的条件和身份。《中华人民共和国农民专业合作社法》第三章第十九条规定：具有民事行为能力的公民，以及从事与农民合作社业务直接有关的生产经营活动的企业、事业单位或者社会组织，能够利用农民合作社提供的服务，承认并遵守合作社章程，履行章程规定的入社手续的，可以成为农民专业合作社的成员。但是，具有管理公共事务职能的单位不得加入合作社。合作社的成员可以分成两类：一类是自然人成员，即普通公民；另一类是单位成员，此类成员需要从事与合作社业务直接相关的生产经营活动，并且遵守合作社章程。

需要注意的是，成员资格并不是始终拥有的，成员资格既会因满足条件而获得，也会因违背规则等原因而丧失。《中华人民共和国农民专业合作社法》第三章第二十六条规定：农民专业合作社成员不遵守农民专业合作社的章程、成员大会或者成员代表大会的决议，或者严重危害其他成员及农民专业合作社利益的，可以予以除名。成员的除名，应当经成员（代表）大会表决通过，在表决通过前，应当为该成员提供陈述意见的机会。被除名成员的成员资格自会计年度终了时终止。

二、合作社成员的产生

《中华人民共和国农民专业合作社法》第三章第二十条规定：农民专业合作社的成员中，农民至少应当占成员总数的百分之八十。成员总数二十人以下的，可以有一个企业、事业单位或者社会组织成员；成员总数超过二十人的，企业、事业单位和社会组织成员不得超过成员总数的百分之五。符合法定条件的公民、企业、事业单位或者社会组织，想要加入合作社，应当向理事长或者理事会提出书面申请（见表3-2），经成员（代表）大会表决通过后，方能成为本社成员（见表3-3）。除了必须符合上述《中华人民共和国农民专业合作社法》中关于成员资格条件的有关规定以外，还需同时满足以下三个条件，缺一不可。

（1）能够利用合作社提供的服务。

合作社成立的目的是在于满足成员的共同的经济和社会需求。合作社的成员应当能够利用合作社所提供的服务，从而保证合作社的有效存在和生产经营活动的正常开展，维护成员自身权益。

（2）承认并遵守合作社章程。

章程是合作社正常运行与进行生产经营活动的基本规则，是全体成员的共同意愿。任何自然人、法人或者非法人组织只有在承认并遵守本社章程的基础上，才有可能成为本社的成员。承认并遵守章程是指承认章程的全部内容，遵守章程所有记载事项的规定，享有由此产生的权利，履行由此产生的义务。任何人或者组织不得在对章程记载的任何事项提出异议的情况下，成为合作社的成员。

（3）履行章程规定的入社手续。

符合规定的公民、企业、事业单位或者社会组织，要求加入已成立的合作社，应当向理事长或者理事会提出书面申请，经成员（代表）大会表决通过后，成为本社成员。除了履行上述法定程序外，如果合作社章程对加入合作社的程序还有具体规定的，应当履行章程规定的入社手续。

表 3-2　社员入会申请表

基本情况	姓名		性别		年龄	
	文化程度		政治面貌		民族	
	家庭住址					
	工作单位			联系电话		
	主导产业			产业规模		
入会申请	合作组织： 　　我自愿加入合作组织，遵守合作组织的章程、制度，执行合作组织的各项决议，履行会员义务，接受合作组织的管理和指导，维护合作组织的权益和声誉，共同推进合作组织的发展。 申请人 年　月　日					
理事会意见	经　年　月　日理事会会议研究，同意加入合作组织 合作组织负责人签字（盖章） 年　月　日					

表 3-3　社员登记表

社员姓名	性别	年龄	文化程度	住址	入会时间	产业规模	会员证编号	合作社内职务	联系电话

三、合作社成员的权利

合作社在实际生产经营过程中可以为农户带来多种好处，国家保护合作社及其成员的合法权益，任何单位和个人不得侵犯。《中华人民共和国农民专业合作社法》第三章第二十一条规定，合作社成员享有以下法定权利：

（1）参加成员大会，并享有表决权、选举权和被选举权，按照章程规定对本社实行民主管理。

合作社成员可以通过成员大会参与到合作社的重大事项和决策，成员大会的表决实行一人一票制，每个成员都可以了解合作社的发展状况，监督合作社当前的经营发展，讨论合作社未来发展规划。参加成员大会的权利是合作社成员行使权利、参与合作社民主管理的基本形式。合作社所有成员都有权选举理事长、理事、执行监事或者监事会成员，也都有资格被选举为理事长、理事、执行监事或者监事会成员，法律另有规定的除外。

（2）利用本社提供的服务和生产经营设施。

合作社以服务成员为宗旨，谋求全体成员的共同利益。合作社的所有成员都有权利用本社置备的生产经营设施，享受本社提供的服务。如成员可以在购进物资或出售产品时，享受到合作社提供的便利条件等。

（3）按照章程规定或者成员大会决议分享盈余。

盈余分配权直接决定合作社成员经济需求的满足，成员有权按照章程规定或成员大会决议分享盈余。合作社一般在年度终了将余额扣除公积金、公益金等项目之后进行分配，大部分做法是在扣除掉弥补亏损、提取公积金后的当年盈余按照一定的分配方法返还或者分配给成员。随着社会的发展，原有的分配原则也得到了丰富和发展，按交易额返还仍然是合作社最为基础和主要的分配原则，但与此同时，资金、劳动等其他要素对合作社的贡献也逐渐受到重视，在盈余分配中被列入考量，尤其是股金分红也成为盈余分配权的重要内容。

（4）查阅本社的章程、成员名册、成员大会或者成员代表大会记录、理事会会议决议、监事会会议决议、财务会计报告、会计账簿和财务审计报告。

知情权是成员行使表决权等其他权利的前提和基础。作为合作社的组成人员，合作社成员有权了解合作社的内部关系、资产状况、业务开展情况等，成员可以查阅本社的章程、成员名册、成员大会或者成员代表大会记录、理事会会议决议、监事会会议决议、财务会计报告、会计账簿和财务审计报告。

（5）章程规定的其他权利。

合作社章程还可以结合本社的实际情况，规定成员享有的其他权利。

四、合作社成员的义务

作为合作社的成员，在享受好处和行使权利的同时，还应履行相应的义务，反哺合作社长久发展，具体包括以下义务：

（1）执行成员（代表）大会、理事会的决议。

成员（代表）大会的决议，体现了全体成员的共同意志，全体成员应当严格遵守并执行。

（2）按照章程规定向本社出资。

合作社应明确成员的出资，一方面明确以成员出资作为合作社从事经营活动的主要资金来源；另一方面明确合作社对外承担债务责任的信用担保基础。是否出资、出资方式、出资期限以及出资额度由合作社章程决定。

（3）按照章程规定与本社进行交易。

农民加入合作社是要解决在独立的生产经营中个人无力解决、解决不好或个人解决不合算的问题，是要使用合作社所提供的服务。成员按照章程规定与本社进行交易既是成立合作社的目的，也是成员的一项义务。成员与合作社的交易可能是交售农产品，也可能是购买生产资料，还可能是有偿利用合作社提供的技术、信息、运输等服务。成员与合作社的交易情况，应当记载在该成员的账户中。

（4）按照章程规定承担亏损。

由于市场风险和自然风险的存在，合作社的生产经营可能会出现波动，有的年度合作社有盈余，有的年度可能会出现亏损。当合作社有盈余时，分享盈余是成员的法定权利；当合作社亏损时，承担亏损也是成员的法定义务。

（5）章程规定的其他义务。

不同合作社的章程也不尽相同，但一些基本的义务要求是相通的，例如提倡互助合作精神，树立成员的集体观念；强调合作社的服务功能，牢固树立为成员服务的思想；强调合作社的社会责任，如弘扬社会公德、保护环境等。

××××农民专业合作社	成员权利与义务
姓名： 编号： 住址： 发证日期：　　　　年　月　日	参加会员大会，享有表决权、选举权和被选举权； 对合作组织工作进行监督、批评建议；向合作组织入股，参与分红； 遵守合作组织的章程、制度和各项决议；接受合作组织的管理和指导，维护合作组织的利益，爱护财产，支持合作组织的工作；自觉交纳会费。

图3-1　××××合作组织成员证

五、合作社成员的退出

《中华人民共和国农民专业合作社法》第一章第四条明确规定了"入社自愿、退社自由"为合作社的基本原则，也是合作社成员的基本权利，成员有自由选择加入合作社的权利，也有要求退出的权利。在生产经营过程中，当成员认为合作社提供的服务不方便、服务效益较低，或者与自己预期不一致时，就可以选择退社，本节所指的退社仅指成员自己主动选择退出合作社这种情况。

成员自主选择退社的原因多种多样，合作社不能非法限制或禁止。但是，为了不影响合作社的正常运行及其他成员的利益，《中华人民共和国农民专业合作社法》第三章第二十五条规定：农民专业合作社成员要求退社的，应当在会计年度终了的三个月前向理事长或者理事会提出书面申请；其中，企业、事业单位或者社会组织成员退社，应当在会计年度终了的六个月前提出；章程另有规定的，从其规定。退社成员的成员资格自会计年度终了时终止。

合作社成员有权根据实际情况提出退社声明，成员退社时只需事先向理事长或者理事会提出书面申请，办理相关手续即可。合作社将悉数退还该成员入社时投入的资金和公积金份额，成员也能够得到成员资格终止前的可分配盈余，如果合作社有亏损及债务，成员也应当按章程规定分摊其成员资格终止前的那部分亏损及债务。对于成员在其成员资格终止前与合作社已订立的合同，应当继续履行，章程另有规定或者与本社另有约定的除外。

第四章　合作社管理

第一节　合作社的日常管理

　　合作社是一种基于合作、共同经营的组织形式，合作社的日常管理有赖于其组织结构的设计。合作社的组织结构是在公司组织结构的基础上建立的，以实现社员的利益最大化为目标，按照决策、执行、监督职能，对应设计成员大会、理事会和监事会的"三会"制度。设置组织结构的目的是用权力制约权力，保障组织的有效运转。《中华人民共和国农民专业合作社法》第四章第二十九条规定：农民专业合作社成员大会由全体成员组成，是本社的权力机构；第三十三条规定：农民专业合作社设理事长一名，可以设理事会。理事长为本社的法定代表人。农民专业合作社可以设执行监事或者监事会。其中，理事会是合作社的运营机构，负责协助管理合作社的日常运营。监事会是合作社的监督机构，负责监督合作社的财务状况和运营情况，确保合作社合规运行。"三会"制度的规范设计和有效运行对于合作社的良性发展具有重要意义（见图4-1）。

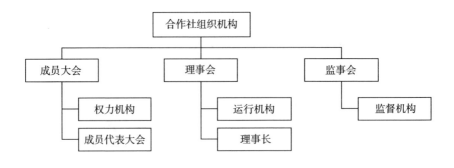

图 4-1　合作社的组织机构

一、成员大会及成员代表大会

（一）成员大会

成员大会是合作社的权力机构和必设机构，由合作社的全体成员组成，负责修改合作社章程、决定合作社的重大经营事项以及选举和罢免合作社理事、监事等，成员大会通过举行会议的形式对合作社的重大事项作出决议。合作社成员参加成员大会是法律赋予所有成员的权利，所有成员都可以通过成员大会参与到合作社事务的决策和管理中，体现了"成员地位平等，实行民主管理"的原则。

合作社成员大会每年至少召开一次，会议的召集由章程规定，出席人数应当达到成员总数的三分之二以上，有下列情形之一的，应当在二十日内召开临时成员大会：①30%以上的成员提议；②执行监事或者监事会提议；③章程规定的其他情形。

成员大会的选举和表决实行一人一票制，成员各享有一票的基本表决权，可以投票赞成或反对，每个成员都能公平、民主地发表意见。在一票表决权的基础上，对出资额较大或与本社交易量（额）较大的成员，如合作社的主要出资人，可以享有附加表决权，但是附加表决权的总票数不得超过基本表决权总票数的 20%，并且章程可以限制附加表决权的行使范围。因此，即使个别成员可以行使附加表决权，这种附加表决权在整个表决权中也只占有很小的分量，并不能使合作社只控制在少数几个成员手中，也不能改变合作社一人一票民主管理的基本特征。

《中华人民共和国农民专业合作社法》第四章第三十条针对不同的决议事项，规定了相应的决议方法：成员大会选举或者作出决议，应当由本社成员表决权总数过半数通过；作出修改章程或者合并、分立、解散，以及设立、加入联合社的决议应当由本社成员表决权总数的三分之二以上通过。章程对表决权数有较高规定的，从其规定。

（二）成员代表大会

《中华人民共和国农民专业合作社法》第四章第三十二条规定：农民专业合作社成员超过一百五十人的，可以按照章程规定设立成员代表大会。成员代表大会按照章程规定可以行使成员大会的部分或者全部职权。成员代表大会与成员大会的功能类似，区别在于成员代表大会是针对合作社成员人数较多的情况，如果每人都参会的话过于庞大，此时则需要选出一些成员代表来参会，这是成员大会的一种变通方式。成员代表大会不是必须设立的，当合作社成员人数超过一定的数量、不易召集成员大会时，通常召开成员代表大会。依法设立成员代表大会的，成员代表人数一般为成员总人数的百分之十，最低人数为五十一人。

（三）成员（代表）大会职权

《中华人民共和国农民专业合作社法》第四章第二十九条规定了成员（代表）大会的职权范围，包括以下九个方面：

1. 修改章程

章程是合作社最重要的规范性文件，由合作社全部设立人制定并签署，是成员之间平等协商、自愿确定的合作社内部规则，每位成员都应该自觉遵守章程，并以此作为自己的行动准则。合作社章程的修改，需要由总数三分之二以上的成员通过；如果社内重要事项发生变化，应当由成员协商后，经成员大会同意，把这项重要事件规定在章程中。

2. 选举和罢免理事长、理事、执行监事或者监事会成员

成员大会是合作社的核心权力机构，具有选举和罢免社内其他机构的

权力，合作社的理事长、理事、执行监事以及监事会成员的选举和罢免都应该由成员大会经过成员表决决定。

3. 决定重大财产处置、对外投资、对外担保和生产经营活动中的其他重大事项

合作社的重大财产一般包括合作社的现金、银行存款、固定资产等，如何处理合作社的重大财产需要成员大会的决议，而非个人决定。合作社的对外投资、对外担保和其他重大事项也关乎合作社的财产变化，涉及每个成员的权益，其决定是否可行、是否符合大多数成员的利益，必须由成员大会作出决定。

4. 批准年度业务报告、盈余分配方案、亏损处理方案

年度业务报告是对合作社年度生产经营情况的总结，年度业务报告的审批结果体现了对理事长（理事会）、执行监事（监事会）一年工作的评价；盈余分配和亏损处理方案关系到合作社所有成员获得的收益和承担的责任，需要由成员大会审批才能予以通过。

5. 对合并、分立、解散、清算，以及设立、加入联合社等作出决议

合作社的合并、分立、解散和清算，以及是否设立或加入联合社，都是关系到合作社生存与发展的重大决策，需要由成员大会作出决定，经由成员总数的三分之二以上通过。

6. 决定聘用经营管理人员和专业技术人员的数量、资格和任期

经营管理人员和专业技术人员都是合作社聘用的专门人才，可以为合作社提供服务，同时合作社向他们支付报酬。聘用人员的数量与合作社的运营成本密切相关，聘用人员的资格和任期对合作社运行质量也至关重要，以上都属于合作社的重大事项，必须由成员大会作出决定。

7. 听取理事长或者理事会关于成员变动情况的报告，对成员的入社、除名等作出决议

成员变动情况即新成员的加入以及老成员的退出，会直接影响合作社的规模、资产和成员收益，成员大会有必要及时了解成员人数的变动情况，决定是否同意新成员入社和老成员退社。成员资格关系到成员在合作

社的根本利益，对个别成员做出除名事关重大，必须慎重决定。合作社成员如果不遵守合作社的章程、成员（代表）大会的决议，或者严重危害其他成员及合作社利益的，可以由成员大会予以除名。

8. 公积金的提取及使用

合作社的公积金是合作社从盈余中积存的资金，用于弥补亏损、扩大生产经营或者转为成员出资。合作社可以按照章程规定或者成员大会决议，从当年盈余中提取和使用公积金。

9. 章程规定的其他职权

除了上述事项外，合作社可以根据自身具体情况，对成员（代表）大会的职权做出其他规定。

二、理事会

（一）理事会

理事会是合作社日常运行的管理机构，负责执行合作社的各项具体业务，同时也是合作社的常设机构之一。理事会由理事长和一定数量的理事组成，他们均由成员大会从本社成员中选举产生，对成员大会负责，其产生办法、职权、任期、议事规则由合作社章程规定。

理事长是合作社的法定代表人。如果合作社规模较小、成员人数较少，没有必要设立理事会的，可以依据成员意见只设立理事长，负责合作社的经营管理。规模很小的合作社，也必须设立一名理事长。对合作社是否设立理事会及理事的人数，并没有作强制性规定，而是交由合作社的具体章程规定。

合作社的理事会（理事长）可以按照成员大会的决定聘任经理和财务会计人员，由经理负责合作社的具体生产经营活动。经理可以由本社成员担任，也可以从本社成员外聘请，合作社的理事长或理事也可以兼任经理。如果合作社不聘请经理，则由理事会（理事长）直接管理合作社的具体生产经营活动。

理事会会议由理事长负责主持召开，重大事项由理事会集体讨论决定。理事会会议的表决实行一人一票制，即每名理事会成员都拥有一票表决权，但是不存在附加表决权；对于重大事项集体讨论，需要经过三分之二以上的理事同意才能决定；理事个人对决议有不同意见时，其意见需记入会议记录并签名。

（二）理事会职权

理事会（理事长）负责合作社的日常经营管理工作，其具体职权由合作社章程规定。作为合作社的常设机构之一，理事会（理事长）组织召开成员大会，并向成员大会报告工作及其他需要成员大会讨论、审议、通过的事项。在成员大会闭会期间，理事会（理事长）负责执行成员大会的各项决议和决策，包括制订本社的生产经营计划、发展规划、年度计划和内部管理制度；聘用或解聘合作社经理和部门负责人及工作人员，制定奖惩办法和报酬标准；组织编制年度业务报告、盈余分配方案、亏损处理方案以及财务会计报告等合作社各项生产经营活动。同时，理事会（理事长）需要接受监事会对本社生产、经营、分配、财务状况等的监督，对于监事会提出的监督意见，在规定时间内作出答复。

三、监事会

（一）监事会

监事会是合作社的监督机构，代表全体成员监督合作社的财务状况和业务执行状况。监事会由监事长和一定数量的监事组成，他们均由成员大会选举产生，对成员大会负责，其资格条件、产生办法、职权、任期、议事规则由合作社章程规定。

监事会不是合作社的必设机构。当合作社成员人数较多时，可以专门设立监事会；如果合作社规模较小、成员人数较少，成员大会认为需要提高监督效率，可以根据实际情况设立一名执行监事，行使监事会的职权。是否设立监事会由合作社章程具体规定，一般来说，合作社设有执行监事的，不再设立监事会。

从我国各地的实践来看，大多数合作社监事会的主席、副主席除由本组织选举产生外，还可以由合作社聘请相关领域的专家、学者，或当地政府官员、村委会领导等担任。对不专门设立监事会的合作社，可由成员大会选举产生执行监事一名，兼职监事若干名。合作社的理事长、理事、经理和财务会计人员不能兼任监事。

监事会主要通过召开会议来开展工作。监事会会议由监事长按照合作社章程召集，监事长因故不能召集会议时，可以委托其他监事召集。监事会会议的表决实行一人一票制，即每名监事会成员都拥有一票表决权，但是不存在附加表决权；重大事项的决议须经三分之二以上的监事同意方能生效。

（二）监事会职权

监事会（执行监事）作为合作社的监督机构，其具体职权由合作社章程规定，以下监事会（执行监事）职权均依据不同合作社的章程进行举例说明，不具有唯一性。

（1）监督检查成员（代表）大会的执行情况。

（2）监督检查合作社开展业务经营活动和业务执行情况。

（3）监督检查合作社的财务状况，包括对社内财务进行内部审计。

（4）监督理事长或者理事会、经理等经营管理人员的职务行为。

（5）行使章程规定的其他职权。

第二节　合作社的财务管理

财务管理是合作社作为独立的市场主体必须重视和搞好的重要工作。合作社发展中普遍存在财务管理薄弱的问题：一是部分合作社没有建立财务管理及会计核算制度；二是部分合作社只有简单的会计核算，不能如实反映合作社生产经营活动的全部内容；三是部分合作社没有建立成员账户；四是部分合作社不知道如何做好会计核算和发挥成员账户作用；

五是部分合作社在生产资料购买、产品销售中直接进行盈余返还，但没有相应的账务处理。为此，财政部等部门印发了《农民专业合作社会计制度》（财会〔2021〕37 号）和《农民专业合作社财务制度》（财农〔2022〕58 号），分别对农民专业合作社的会计核算和财务管理行为进行规范。加强合作社的财务会计建设，保证财务会计信息的真实性、完整性和全面性，是合作社规范化建设的重中之重，应引起足够的重视。合作社的财务管理工作主要包括资金筹集、资产管理、会计核算及盈余分配等。

一、资金筹集

合作社建立之初需要筹措、集聚资金以用于自身建设和生产经营，包括权益资金筹集和债务资金筹集。权益资金筹集是指合作社依法接受成员投入的股金、接受国家财政直接补助和他人捐赠形成的专项基金等。债务资金筹集是指合作社依法以借款、应付及暂收款项等方式进行资金筹集。合作社应当拟订资金筹集方案，确定筹资规模，履行内部决策程序，控制筹资成本。

（一）权益资金筹集

《中华人民共和国农民专业合作社法》第二章第十三条规定：农民专业合作社成员可以用货币出资，也可以用实物、知识产权、土地经营权、林权等可以用货币估价并可以依法转让的非货币财产，以及章程规定的其他方式作价出资；但是法律、行政法规规定不得作为出资的财产除外。合作社成员以非货币方式出资的，应当按照有关规定确认出资额，计入成员账户，按照现有合作社成员出资总额的份额确定股金。成员以非货币形式出资的最常见方式是土地折价，以农村土地承包经营权出资后，在该成员退社及终止成员资格前不得以任何方式进行土地流转。入社承包地只能由合作社统一安排种植农作物，合作社不得改变入社承包地的使用性质。

合作社接受国家财政直接补助和他人捐赠形成的财产，作为专项基金处理，并依法平均量化到每个成员，计入成员账户。合作社应当对国家财政直接补助资金实行专款专用，取得生物资产、固定资产、无形资产等时，应当建立资产台账，加强资产管护，严禁挤占、挪用、侵占、私分。合作社成员增加、减少或转让出资时，应当按照章程规定进行调整，并及时向登记机关申请变更登记。

（二）债务资金筹集

债务资金筹集是指合作社依法以借款、应付及暂收款项等方式进行资金筹集。合作社可以根据有关规定，对外借款或贷款。合作社应当明确债务资金筹集的目的、项目、内容等，根据资金成本、债务风险和资金需求，进行必要的筹资决策，控制债务比例，签订书面合同，并制订还款计划，诚信履行债务合同。筹集债务的程序和决策过程一般由章程规定：合作社筹集债务资金应当召开成员（代表）大会进行决议，由本社成员表决权总数过半数通过，章程对表决权数有较高规定的从其规定。在筹集债务资金时，还要注意下列行为是禁止的：合作社不能以对本社或者其他成员的债权冲抵出资；不能以缴纳的出资，抵销对本社或者其他成员的债务；不能以劳务、信用、自然人姓名、商誉、特许经营权或者设定担保的财产等作价出资。

合作社应当建立健全借款业务内部控制制度，明确审批人和经办人的权限、程序、责任和相关控制措施，按章程规定进行决策和审批，加强对借款合同等文件和单据凭证的管理。需要提供担保的，应当注意担保物价值与借款金额的匹配性。

（三）合作社财产制度

作为经营性组织，合作社必须持有一定的资金，这是其从事经营活动的基础。《中华人民共和国农民专业合作社法》第一章第五条规定：农民专业合作社对由成员出资、公积金、国家财政直接补助、他人捐赠以及合法取得的其他资产所形成的财产，享有占有、使用和处分的权利，并以上述财产对债务承担责任。可见，合作社的财产来源主要包含以下几点：

（1）成员出资。我国合作社的发展仍处于初期阶段，普遍存在资金缺乏的问题。针对这种情况，允许合作社以成员出资的方式筹集资金，以保证合作社的资金需求。

（2）公积金。按照现行财务制度的规定，可以从合作社盈余中提取一定的公积金作为合作社的资金。

（3）国家财政直接补助。国家财政可以通过专项资金直接补助以扶持合作社发展，合作社应当对国家财政直接补助资金实行专款专用，取得生物资产、固定资产、无形资产等时，应建立资产台账，加强资产管护，严禁挤占、挪用、侵占、私分。

（4）他人捐赠。合作社可以接受他人捐赠资金，作为社内财产。

（5）合法取得的其他资产。如通过银行贷款、对外举债等所取得的资金。

【案例】

重庆金澜众创农业股份合作社：合作社成立于 2018 年，采取众多成员出资、村集体入股的"众创"模式。合作社成立之初，村里 363 户农户将 2400 亩土地承包经营权及 14 户农户的闲置农房使用权作价出资入社，占合作社成员出资总额的 25%；7 家农业企业以 500 万元现金和技术、农业产业及民宿项目运营权作价入社，占合作社成员出资总额的 70%；村集体以协调及管理服务出资，占合作社成员出资总额的 5%，有效解决了合作社成立之初资金筹集的困难。重庆金澜众创农业股份合作社采用农户以土地、房屋等实物作价出资，农业企业以现金出资，村集体以协同管理服务及项目资金出资的资金筹集模式，既盘活了村集体和农户的土地资源、闲置农房，又合理使用了财政补助资金，吸收社会资本，明晰股权配置。以合作社为载体，建立村集体、农户、农业企业多方紧密相连的利益联结机制，带动村民走上共同富裕道路。

二、资产管理

《农民专业合作社财务会计制度》第一章第三条规定：合作社应当根

据本制度规定和自身财务管理需要，建立健全财务管理制度，有序开展财务管理工作，如实反映财务状况。合作社的资产主要包括货币资金、应收款项、合作社存货、生物资产、固定资产、无形资产、对外投资和长期待摊费用等。

（一）货币资金

合作社的货币资金包括现金、银行存款等。合作社应当建立健全货币资金管理制度，明确相关岗位的职责、权限，经办、审批等业务流程以及风险控制措施。合作社应当依法开立银行账户，加强资金、票据和印章管理。货币资金收付应当取得有效的原始凭据，并有经手人、审批人等签名，严禁无据收付款。非出纳人员不得保管现金，确因工作需要委托他人代收款项的，代收人应当自收到代收款之日起三个工作日内如数交给出纳。不得坐收坐支、白条抵库、挤占挪用、公款私存或者私款公存。

（二）应收款项

合作社的应收款项包括与本社成员和非本社成员的各项应收及暂付款项。合作社应当建立健全应收及暂付款项管理制度，对成员往来、应收及暂付款设立明细账，详细反映应收及暂付款项的发生、增减变动、余额，应收及暂付款单位或个人，账期等财务信息，评估信用风险，跟踪履约情况，减少坏账损失。

（三）合作社存货

合作社存货包括材料、农产品、工业产成品、低值易耗品、包装物等产品物资，在产品方面，受托代销商品、受托代购商品、委托代销商品和委托加工物资等。合作社应当建立健全存货管理制度，明确相关岗位的职责、权限，经办、审批等业务流程以及风险控制措施。存货入库时，应当办理清点验收手续，填写入库单，根据合同约定以及内部审批制度支付货款。存货领用或出库时，应当办理出库手续，填写领用单或出库单。应当定期或不定期对存货进行盘点核对，做到账实相符。

合作社应当明确销售、采购业务审批人和经办人的权限、程序、责任和相关控制措施，按照章程规定办理销售、采购业务，及时做好销售、采购记录,严格销售和采购合同、出库和入库凭证、销售和采购发票、验收证明等核对和管理。

(四)生物资产

2022年新发布的《农民专业合作社会计制度》引入"生物资产"的分类与核算要求。合作社的生物资产包括消耗性生物资产、生产性生物资产和公益性生物资产。其中,消耗性生物资产包括生长中的大田作物、蔬菜、用材林,以及存栏待售的牲畜、鱼虾贝类等为出售而持有的或在将来收获为农产品的生物资产;生产性生物资产包括经济林、薪炭林、产畜和役畜等为产出农产品、提供劳务或出租等目的而持有的生物资产;公益性生物资产包括防风固沙林、水土保持林和水源涵养林等以防护、环保为主要目的的生物资产。

合作社应当建立健全生物资产管理制度,加强对生物资产的成本、增减、折旧、出售、死亡毁损核算及管理。经济林、薪炭林、产畜和役畜等生产性生物资产投产后,预计净残值率按照其成本的5%确定。

(五)固定资产

合作社的固定资产是指使用年限在一年以上,单位价值在2000元以上,并在使用过程中基本保持原有物质形态的资产,包括房屋、建筑物、机器、设备、工具、器具和农业农村基础设施等。单位价值虽未达到规定标准,但使用年限在一年以上的大批同类物资也可列为固定资产。

合作社应当建立健全固定资产管理制度,明确固定资产购建的决策依据、程序、审批权限和责任制度,制定并严格执行可行性研究和预决算、付款及竣工验收等制度。合作社的在建工程达到交付使用状态时,应当按照有关规定办理工程竣工财务决算和资产验收交付使用。合作社应当建立固定资产台账,对固定资产定期或不定期地进行清查盘点。财务年度终了前,应当进行全面清查盘点,保证账、卡、物相符。

(六)无形资产

合作社的无形资产包括专利权、商标权、著作权、非专利技术、土地经营权、林权、草原使用权等。合作社应当建立无形资产台账,依法明确权属，落实有关经营、管理的财务责任，对无形资产进行分类核算和管理。合作社应当建立健全无形资产摊销制度，确定无形资产摊销方法。

（七）对外投资

合作社的对外投资是指合作社依法出资设立或者加入联合社，以及采用货币资金、实物资产、无形资产等向其他单位的投资。合作社应当明确对外投资业务审批人和经办人的权限、程序、责任和相关控制措施。对外投资评估、决策及其收回、转让与核销等，应当由理事会提交成员（代表）大会决议。应当建立健全对外投资责任追究制度，加强对投资收益的管理，对外投资获取的现金股利或利润、利息等均应纳入会计核算，严禁设置账外账。

（八）长期待摊费用

合作社的长期待摊费用是指合作社已经支出，但应由本期和以后各期负担的分摊期限在一年以上（不含一年）的各项费用，包括固定资产改建支出、待摊销租赁费、待摊销广告费以及其他长期待摊费用。长期待摊费用应该单独核算，应由本期负担的借款利息、租金等，不得作为长期待摊费用处理。

三、会计核算

《中华人民共和国农民专业合作社法》第四章第三十九条规定：农民专业合作社应当按照国务院财政部门制定的财务会计制度进行财务管理和会计核算。第四章第四十条规定：农民专业合作社的理事长或者理事会应当按照章程规定，组织编制年度业务报告、盈余分配方案、亏损处理方案以及财务会计报告，于成员大会召开的十五日前，置备于办公地点，供成员查阅。合作社与其成员的交易、与利用其提供服务的非成员的交易，应当分别核算。

在实践中，合作社大多数规模偏小，采用传统方式经营，只是简单地记录合作社开支。大多数合作社缺乏完整建账，少部分建了账也只是针对部分经营活动片段式记账，不能连续真实地反映合作社的经营轨迹，因此需要建立完善真实的会计核算制度。合作社可以根据自身规模和业务繁简需要，选择是否设置单独的会计机构，不单独设置会计机构的，可以在合作社有关机构中设置会计主管人员，负责本社的会计工作；对于不具备设置会计机构和会计人员条件的，也可以本着民主、自愿的原则，委托从事会计代理记账业务的中介机构代理记账。

《农民专业合作社会计制度》设置了资产类、负债类、所有者权益类、成本类、损益类共37项会计科目。这些会计科目多数与企业的会计科目相同，但是针对合作社的特殊性，还设置了合作社特有的会计科目，如应付盈余返还、股金等。在会计报表方面，除编制传统的资产负债表、盈余及盈余分配表外，还要求编制成员权益变动表和成员账户。

合作社财务管理水平的提高客观上需要软硬件等载体和平台服务的支撑，而合作社财务软件作为能够执行财会制度的数字化平台，对规范合作社的财务管理具有积极的推动作用。合作社财务软件应如实反映合作社运营实际，符合合作社的财务管理特点，具备账务处理、固定资产管理、成员管理、盈余分配、统计分析等功能模块，实现全面的财务核算和监督管理功能。

农业农村部经管总站已于2013年向全国农民专业合作社免费推广应用"财务管理系统"软件。该软件于2012年6月正式上线运行，软件主要包括财务账务管理、人事工资管理、财务预算管理、资金出纳管理、固定资产管理、合作社业务管理、合作社信息统计七项功能，使全国各地的合作社能够有效贯彻落实财务会计制度，进一步规范合作社财务管理，推进会计电算化，提升合作社经营管理水平。各地的农民专业合作社可以在中国农民专业合作社网（http：//www.zgnmhzs.cn/）免费下载并使用该软件。

现阶段，合作社可以更加自由灵活地选择使用财务管理软件。随着《农民专业合作社会计制度》和《农民专业合作社财务制度》于2023年开始施行，为进一步做好"两个制度"的实施工作，加强合作社财务会计工作规范化信息化，农业农村部农村合作经济指导司组织开展了农民合作社财务会计管理软件征集工作，在公开征集、专家评测、农民合作社试用的基础上，于2023年4月遴选确定了首批推荐的农民合作社财务会计管理软件，包括农民合作社财务管理系统V1.0、征东农民合作社专用财务软件V1.0和益农农民合作社财务管理软件V2.0，各地的农民合作社可以自愿选择下载和使用以上三款软件。

以益农农民合作社财务管理软件为例，展示合作社财务软件的基本功能。一是固定资产管理功能（见图4-2）。首先，合作社财务软件通过录入资产卡片，实现资产登记；其次，对已登记资产实现计提折旧，自动形成计提凭证；最后，对现有资产进行资产变更和清理，形成固定资产明细表和固定资产明细账，实现对合作社固定资产的快速盘点。

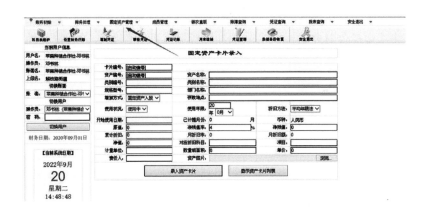

图4-2　固定资产管理功能模块

二是成员管理功能（见图4-3）。合作社财务软件可以对合作社成员信息进行管理，对成员与合作社之间的交易进行管理；财务软件能够自动生成凭证，进而生成成员账户；软件还能够通过成员账户，分别核算成员与合作社的交易量，为成员参与盈余分配提供依据，保障合作社成员的利益。

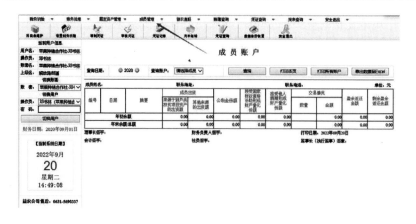

图4-3 成员管理功能模块

三是查询和监管功能（见图4-4）。为便于合作社理事长等管理者履行监管职能，合作社财务软件还应具备相应的查询和监管功能。合作社财务软件可对多个财务指标设定限额加以控制，使合作社管理者更好地把控单笔、月度、年度支出限额。

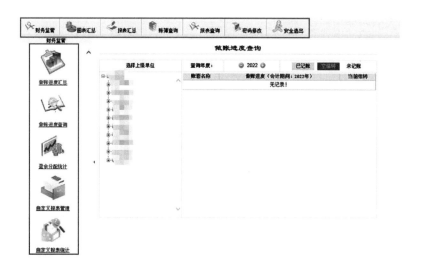

图4-4 查询和监管功能模块

四是盈余分配功能（见图4-5）。盈余分配是实现农民合作社成员根本利益的主要方式。因此，盈余分配功能是合作社财务软件不可或缺的功能。合作社财务软件根据每个成员不同的交易比例和出资比例，自动生成交易凭证，能够快速、精准地实现盈余分配。

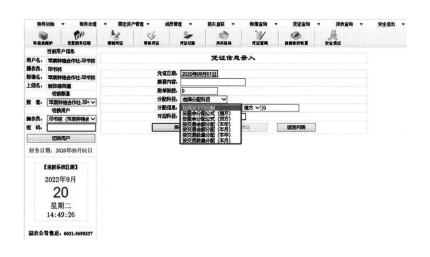

图4-5　盈余分配功能模块

建立健全合作社财务制度，既是合作社快速发展的内在要求，也是落实国家相关财会制度的政策要求。合作社财务软件的使用有助于实现财务管理内容、管理程序和管理方法的规范化，规避财会操作风险，可以节约开支，提高工作效率，为合作社经营决策提供财务依据。因此，应积极发挥财务软件的有效作用，规范合作社的财务管理行为，提升合作社内部治理的有效性，促进合作社健康快速发展。

四、盈余分配

合作社是农民自愿联合、自主管理的经济组织，其经营目标是为成员提供服务，如果产生了一定的盈余，应当归成员所有，返还给成员。盈余分配是合作社财务管理的重要组成部分，关系到每个成员的切身利益。

《农民专业合作社财务制度》第五章第三十三条规定：合作社应当做好收入、成本费用核算，及时结转各项收入和支出，核算所得税费用，确定当年盈余，规范盈余分配。理解盈余分配流程，首先要了解以下概念：

（一）成员账户

成员账户是指合作社在进行会计核算时，为每个成员设立的明细科目。设立成员账户，可以用来核算成员与合作社的交易量（额），为成员参与盈余分配提供依据。《中华人民共和国农民专业合作社法》第五章第四十三条规定：农民专业合作社应当为每个成员设立成员账户，主要记载下列内容：该成员的出资额；量化为该成员的公积金份额；该成员与本社的交易量（额）。通过成员账户，可以分别核算社员的出资额和公积金变化情况，为成员承担责任、附加表决权的确定，以及处理成员退社时的财务问题提供明确依据。

（二）公积金

公积金也称储备金、公共积累资金，是合作社为了巩固自身的财产基础，提高本社对外信用和预防意外亏损，依照法律和章程的规定，从盈余中积存的资金。《中华人民共和国农民专业合作社法》第五章第四十二条规定：农民专业合作社可以按照章程规定或者成员大会决议从当年盈余中提取公积金。公积金用于弥补亏损、扩大生产经营或者转为成员出资。

从上述规定可以看出，公积金的用途主要有三种：一是弥补亏损。合作社亏损会影响其正常的经营和运转，因此，在合作社经营状况好的年份，从盈余中提取公积金以弥补以往的亏损或者防备未来的亏损，有利于维持合作社的正常经营和健康发展。二是扩大生产经营。合作社可以在当年盈余中提取公积金用于扩大生产经营，例如购买更多的农业机械、加工设备，建设贮藏农产品的设施、购买运输车辆等，为成员提供更好的服务。三是转为成员出资。在合作社有盈余时，可以将提取的公积金转为成员出资，此时，公积金在成员账户中不体现在公积金份额上，而是反映在成员的出资额上。

《农民专业合作社财务制度》第五章第三十四条规定：合作社可以在

章程中规定公积金提取的比例和用途，每年提取的公积金按照章程规定的比例量化为每个成员所有的份额。这是合作社财务核算中的一个重要特点。公积金本质上属于合作社全体成员所有，为了保护成员的合法权益，提取的公积金必须量化为每个成员的份额。

（三）合作社盈余

合作社盈余是指合作社在一定会计期间的经营成果。合作社的本年盈余按照下列公式计算：本年盈余＝经营收益＋其他收入－其他支出－所得税费用。其中：经营收益＝经营收入＋投资收益－经营支出－税金及附加－管理费用－财务费用。《中华人民共和国农民专业合作社法》第五章第四十四条规定：在弥补亏损、提取公积金后的当年盈余，为农民专业合作社的可分配盈余。

（四）盈余分配规则

合作社应当按照章程规定，编制盈余分配或亏损处理方案，确定盈余分配或亏损处理程序。《中华人民共和国农民专业合作社法》第五章第四十四条规定了合作社的盈余分配规则：

（1）可分配盈余按成员与本社的交易量（额）比例返还总额不得低于可分配盈余的百分之六十。

成员享受合作社的服务是合作社生存和发展的基础，体现在成员与合作社的交易量（额）上，例如成员通过合作社销售农产品、通过合作社购买生产资料等，都属于与合作社的交易。成员与合作社的交易量（额）是产生合作社盈余的主要来源，也是衡量成员对合作社贡献的重要依据，合作社的盈余应当主要根据其产生源头进行分配。因此，返还总额不得低于可分配盈余的百分之六十，这反映了合作社作为互助性经济组织的根本特征。

（2）返还后的剩余部分，以成员账户中记载的出资额和公积金份额，以及本社接受国家财政直接补助和他人捐赠形成的财产平均量化到成员的份额，按比例分配给本社成员。

在现实中，大多数合作社成员出资形式多样且复杂，所以需要按照成员账户中记载的出资额比例进行盈余分配。出资较多的成员获得较多的盈余，从而鼓励成员出资，壮大合作社资金实力。此外，公积金份额、本社接受国家财政直接补助和他人捐赠形成的财产平均量化到成员的份额，也都应当作为盈余分配时考虑的依据。

国家财政直接补助和他人捐赠形成的财产一般属于合作社所有，每年盈余分配时根据当年成员的数量平均量化出某个数额，加入每个成员按资分配的份额构成中，作为成员享受按资分配的依据，并不代表着将这些补助和捐赠形成的财产平均分配给每个成员所有。当某个成员的成员资格终止后，原来平均量化到该成员名下的国家财政直接补助和他人捐赠形成的财产的份额，将随其成员资格的终止而归零，其相应份额则由其余在社的全体成员重新平均量化。

（3）经成员大会或者成员代表大会表决同意，可以将全部或者部分可分配盈余转为对农民专业合作社的出资，并记载在成员账户中。

合作社可以按照章程规定或者成员大会决议，将可分配盈余的全部或者部分转化为对合作社的出资，既满足了成员分配盈余的要求，又有利于合作社的发展壮大，适用于目前我国众多合作社资金积累不足而又想扩大生产经营的现状。这种转化必须经成员大会或者成员代表大会表决同意，以保护成员的合法利益。

（4）具体分配办法按照章程规定或者经成员大会决议确定。

本条前款对合作社盈余分配作了一般规定，而具体分配方法、何时分配、以何种形式分配应当按照章程规定或经成员大会决议确定。在实践中，盈余分配的方法很多。只要社员共同制定章程、按照章程行事，合作社的盈余分配就是合理的，要因地制宜，因社制宜。例如，农机专业合作社主要按照作业量的多少进行分配；土地股份合作社主要按照入社土地数量和质量来分配，同时还兼顾社员在合作社务工的状况；乡村旅游合作社主要按照接待消费者数量和服务质量等进行分配。在合作社具体的盈余分配实践中，要分门别类设计和执行符合该合作社实际情况的盈余分配方案。同时，必须对合作社盈余分配方案、账目等进行严格审查。

第五章 合作社服务

合作社是以农村家庭承包经营为基础、提供农产品销售、加工、运输、贮藏以及与农业生产经营有关的技术、信息等服务来实现成员互助目的的经济组织，是带动各类农户融入现代农业、参与市场竞争、实现农户增收致富、优化配置乡村资源、促进乡村社会事业发展的有效载体。合作社作为农业生产服务体系的重要组成部分，为社员提供农业社会化服务是其首要宗旨和关键功能。合作社提供的农业服务内容十分广泛，其功能也由最初的经济功能，扩展出政治功能、社会功能、文化功能等，合作社服务的充分发挥对我国农业农村经济和社会发展具有重要意义。

第一节 经济服务

合作社的业务范围主要集中于农业生产经营领域，包括农业信息的获取、农业生产技术服务、机械设备的提供和农业生产资料的购买和使用等，覆盖农产品的生产、销售、加工、运输、贮藏等多个环节，有的合作社还为社员提供金融支持。经济服务是合作社的核心服务，对扩大生产规模、推广先进技术、降低生产成本、促进农民增收等发挥了积极作用。

一、生产经营服务

（一）生产环节

1. 农业信息获取

小农户难以获得充分的市场信息和政策信息，在与消费者进行交易时，缺乏有效的信息沟通，交易双方都面临高昂的成本，导致盲目生产、流通无序、销售不畅、增产不增收等问题。

合作社可以将小农户组织起来，形成一定规模优势，及时发布相关政策、行业资讯、市场行情、会员动态等信息，指导农户根据市场需求来调整生产，充分发挥合作社在政府与农户之间的桥梁和纽带作用，致力于为社员提供优质信息服务。同时，社内的成员之间也可以交流和分享农业信息，打破单一的信息来源，拓展信息渠道，促进产品互通、经验互学、优势互补，提高农户信息化水平。在合作社农产品交售加工期间，合作社更是要确保信息畅通，按市场行情，随时公布农产品的品种、质量、价格以及销售办法和要求，使社员能够及时组织采收、整理、分级、包装等环节，使产品适时顺利进入市场，维护社员利益。

2. 农资采购服务

近年来，农资生产原材料价格上涨、生产成本增加，化肥、农药等农资价格越来越高。市面上的化肥、农药等农资种类繁多，质量和价格变化较大，农民年龄普遍偏大，难以甄别。

合作社农资采购服务可以分为内部购买和外部购买。内部购买主要是指合作社直接向社员提供的商品和服务，如直接向社员提供种子、化肥、农业机械等生产资料；外部购买主要是指由合作社向外统一采购、供应生产资料和设备。合作社实行规模采购，由于购买量大，合作社可以从厂家直接采购，以低于农户零散买入的价格节省成本。有的合作社还实行农资集采集配，把农资直接配送到田间地头，第一时间满足成员需求。

以内蒙古自治区乌加河镇股份经济合作联合社2022年四批农资统购为例（见表5-1），联合社通过统购地膜、化肥等生产资料，年度统购额达 1088.3 万元，为农民节省开支 131.1 万元，为集体创收 12 万元。

表 5-1　乌加河镇股份经济合作联合社农资统购　　单位：万元

统购批次	统购主体	统购内容	统购规模	为农民节约成本
2022 年春季	各村集体	地膜、毛管、二铵、尿素	511.1	103.0
2022 年秋季第一批	联合社+村集体	地膜、尿素	108.0	10.9
2022 年秋季第二批		地膜、毛管、二铵、盐砖	155.6	9.2
2022 年冬季第一批		二铵	313.6	8.0
小计			1088.3	131.1

3. 农业技术服务

随着农业商品化、专业化和规模化生产的快速发展，农民对科技的需求激增，合作社可以为农户提供各类技术服务与指导，满足农民技术需求。

在种植领域，合作社为农户提供或帮助其购买优质优价的种苗、农资，组织农户进行标准化、科学化生产作业，聘请农技专家讲解科学种植技术、解决农户生产经营难题；在养殖领域，合作社帮助农户建设规范化养殖设施，指导养殖户科学用药用料，组织农户进行规范化、标准化养殖作业；在设施农业、特色种养、有机种养等高附加值领域，合作社还可以帮助农户建立生产记录、信息追溯体系，以确保农户绿色种养，提高农户生产环节的标准化、科学化水平。

合作社作为农业技术推广服务的重要主体，为农户提供农业生产过程中的技术服务。在引进现代农业科技成果的同时，通过产业化带动，释放科技对农业生产的增效潜力，提高农产品产量和质量，有助于提升农业产业效益，促进农民增收。

以山东省枣庄市 7 家合作社为例（见表 5-2），这 7 家合作社虽然经营规模不同、主要农产品类型不同，但是在实际经营过程中，合作社均为社员提供不同的农业技术服务，促进了农业生产的规范化和标准化。

表5-2 山东省枣庄市合作社技术服务职能

地区	合作经济组织名称	服务职能
市中区永安乡	天瑞牧业种猪专业合作社	统一购料、种猪配种、技术培训、推广循环养殖模式
峄城区西潘安村	潘安肉牛养殖专业合作社	采购架子牛、良种繁育、疫病防治、销售、农机具共享、信用担保
峄城区牌坊街新村	群利木耳种植专业合作社	菌种采购、农机具订购、新品种的研发、统一销售、全程技术管理
台儿庄区马兰屯镇	天水有机藕专业合作社	统一种植规划、良种引进与繁育、技术培训指导、肥水管理、品牌包装销售
市中区西王庄乡	兴亮蔬菜种植专业合作社	种苗、销售、品种推广、技术革新
市中区西王庄乡	国盛肉鸭农民专业合作社	统一采购鸭种、统一销售、经验交流、免费技术指导
台儿庄区泥沟镇	蘑菇种植专业合作社	原种引进扩繁、种植技术指导与示范、疫病防治、统一销售

4. 机械设备服务

在工业化和城镇化背景下，农业发展越来越依赖机械化。但是农业机械化发展面临农民买不起、农机具利用率低、配套基础设施建设难推进、农机作业耗能高和污染等问题。发展农机合作社可以很好地破解这些难题。

农机合作社可以为农户提供部分或者全部生产环节的机械设备服务，如组织拖拉机、高速插秧机、联合收割机、无人植保机、测土配方施肥仪等农业机械，根据农户生产需要提供农机作业服务，减轻农户劳动强度，降低生产成本，这些高性能和大中型农机具的使用可以更好地实现农业增产增效。农机合作社除通过向金融部门贷款和获得政府农机具购置补贴外，还可以通过合作社的积累和向成员筹集资金等方式，解决购置高性能机具、大中型机具和配套机具的资金短缺的难题。

农机合作社的发展可以提高农机具的利用率。第一，合作社统筹购置农机具，可以解决重复购置问题，实现机具的配套，有利于提高农机具的利用率；第二，合作社与成员是利益一致的经济共同体，这一特质使农业机械作业市场稳定，有利于提高农机具的利用率；第三，随着农机合作社实力的增强和经营能力的提高，市场信息获取能力和市场开拓能力也会增强，如一些农机合作社开展跨区作业，也有利于提高农机具的利用率。

由于农机合作社为成员提供机械作业服务不以盈利为目的，可以把农机作业费用降到最低水平，有效促进农民增收。同时，农机合作社的互利合作机制有利于协调成员之间的关系，有利于逐步解决好"有机无路走、机闲无处放、机坏无处修"等问题，实现农机具与其他生产要素的更优配置。

同时，农机合作社可以培训专业农机手，打造业务本领强、职业素质高的农机服务团队，提升农业社会化服务水平。农机合作社的发展能够集中有限的农业生产资源，解决农机作业耗能高、农机具利用率低和单一农户经济力量薄弱等问题，提高大型农业机械的利用率，解决更多农户的切实用机需求。

【案例】

巴彦淖尔临河区新华镇新乐村于 2013 年由党支部牵头成立众兴圆农民专业合作社，主要经营农产品购销、农资销售、农业机械作业，通过提供生产资料统购、生产过程统管、农畜产品统销等社会化服务，按照"发动群众、组织群众、依靠群众"的工作思路，合作社先利用入股资金购买拖拉机 2 台、玉米收割机和玉米脱粒机各 1 台，后鼓励村内及周边有农机具的村民以农机入股、技术入股、资金入股等形式加入合作社，目前共有全自动播种机、大型拖拉机、玉米收割机、遥控式无人植保机等 13 台，可提供机耕、播种、施肥、收获及高效植保等全过程机械化作业服务，实现了各类农机服务主体优势互补、信息共享、互相支持、共同发展的良好态势。

（二）流通环节

农产品流通环节作为农民生产和居民消费的中间区域，存在流通体系不健全、流通渠道不畅、流通链条过长以及农产品质量安全等问题，农产品流通不畅将直接影响农业产业化进程和农民增收，合作社可以在农产品流通过程中起到重要作用。

合作社在农产品从生产到消费的各个环节中，可以提供一系列服务，提高农产品的流通效率、降低流通成本、保障农产品的质量与安全。合作社的流通服务功能主要包括以下几个方面：第一，优化流通环节。合作社可以通过整合农业生产资料、农产品生产与加工、销售等环节，实现农产品流通环节的优化，减少中间环节，降低流通成本。第二，信息传递与共享。合作社可以建立农产品流通信息平台，及时传递农业生产、流通销售等信息，实现信息共享，提高农产品的流通效率。第三，农产品质量监管。合作社可以实施质量监管，确保进入市场的农产品质量符合相关标准，从而提高农产品的市场竞争力。

供销合作社作为具有公有制经济特征的流通组织，在农产品流通领域起到了一定的示范作用。供销合作社可以利用网络和资源优势，发挥大中型农产品批发市场平台作用，持续推进冷链、仓储、物流、环保、质检等设施建设，带动零售渠道和市场快速发展，不断强化批发市场的公益功能，为促进农产品市场体系建设起到了较强的示范作用。

【案例】

江西省供销合作社联合社在全国率先提出启动农村现代流通服务体系建设，抢抓国家推进农产品冷链物流和农村寄递物流体系建设机遇，争取政策支持，整合系统资源，发展全省城乡冷链物流骨干网和"互联网+第四方物流"供销集配体系，带动全省系统工作取得新进展。2021年，联合社累计签约25个项目，建成9个项目，冷冻冷藏库容达27.5万吨。创新"第四方物流""四个一"建设模式，每个县组建一家集配企业，建成一个集配中心，搭建一张集配网络，共享一套集配系统，集中开展城乡共同配送。截至目前，全省系统建成93个县级集配中心、8624个集配网点，实现全省县域全覆盖。

（三）销售环节

随着我国农业现代化步伐的不断加快，农产品的消费也呈现迅猛发展的势头，消费者购买农产品不仅重视农产品价格，也开始更重视农产品的质量、安全、品牌及附加服务。在当前农产品销售过程中，农户面临着众多难题：第一，面临竞争激烈、千变万化的市场，分散弱小的农户难以顺利进入市场、参与市场竞争。第二，农户缺乏资金、技术、信息等条件，营销观念淡薄，销售能力弱。第三，农产品品牌发展滞后，普遍存在着品种单一、名优产品比例低，产品就地加工比例低、精深加工缺乏等问题。而合作社可以发挥"抱团发展"作用，将分散的农户联合起来，实行农产品统一销售，加强农产品市场营销，提高区域特色农业品牌知名度和销售价格等。合作社在农产品销售环节主要发挥以下作用：

1. 农产品统收统销

统收统销是指合作社统一收购社员农户的农产品，通过统一渠道进行销售，获取更好的市场利润。在合作社统一收购社员产品环节上，要严格执行合同规定的收购质量、价格、数量，对待社员要公平公正，同时社员要维护合作社的形象和利益，履约守信，不贪图小利，听从统一指挥，服从统一调度，保证在规定时间内，保质保量地交售产品，使农产品能够及时加工、包装、调运，进入市场。合作社通过统一包装和销售，可以使社员产品与市场有效对接，更好地协调供需关系，扩大销售网络，寻求定向加工，实现农产品的规模化生产和优质化供应，缓解一家一户生产的农产品过多或者滞销的问题，增强农产品的市场竞争力。同时，合作社努力降低销售费用，将农产品销售的收益按照一定比例分配给农户，有助于稳定农户的收入。

在合作社统一销售社员产品环节上，主要的销售模式有：第一，合作社与农产品加工、销售企业建立稳定的契约关系，将社员产品统一销售给签约企业，形成"利益共享、风险共担"利益共同体。第二，合作社委托加工厂代加工或租赁加工厂，统一销售加工过的农产品，延伸产业链条，有效解决传统小农户销售难的问题。

2. 农产品市场营销

农产品市场营销的主要模式有：第一，传统营销模式。如常见的批发市场、实体专营店等。第二，电商营销模式。如在微信公众号、朋友圈、抖音、淘宝等各大电商销售平台上对农产品进行推广和销售。采用电商销售模式能够将单一的农产品销售渠道变成网络状，扩展多元化的营销模式。第三，自媒体营销模式。自媒体营销模式本质上是农产品电商营销模式的延伸，是当前线上营销发展的主流趋势，尤其是随着抖音、快手等自媒体平台的快速发展，不仅为农产品销售提供了更多可选择性，还大幅提高了农产品的销量。

合作社可以扩大销售服务的广度和深度。第一，合作社聘用专业销售人员，通过其广泛的人际关系、丰富的销售经验和良好的口才能力，增加合作社农产品销售量。第二，合作社充分发挥互联网优势，建立线上 App 等形式的营销渠道，适应消费者由传统购买习惯向线上购买习惯的转变。第三，合作社重视产品的深加工和包装环节，提高农产品的知名度，增强产品的市场竞争力。

3. 农产品品牌创建

农产品的优质化和品牌化是实施乡村振兴战略的必然要求。合作社可以统一商标品牌，发挥熟悉市场、衔接产销的优势，紧盯市场需求，深挖当地特色优势资源潜力，引导小农户发展地方优势特色产业，促进形成"一村一品""一乡一特""一县一业"。

合作社注重农产品品牌的培育和推广，结合农产品生产区域、文化等方面特征，积极打造合作社品牌，加强品牌营销，提升产品市场竞争力，提高农产品的知名度和美誉度，保护农产品区域品牌和提升区域品牌价值。同时，合作社还可以积极参与各类农产品展销活动，为农产品提供品牌、形象、市场推广等支持，拓展农产品销售渠道，提高农产品的市场占有率。

【案例】

内蒙古玛拉沁艾力养牛专业合作社：合作社成立于 2014 年，截至 2018 年底，合作社共有成员 207 户，总资产达 4300 万元，自成立以来共分红 620 万元，带动嘎查农牧民人均增收 6400 元。合作社有效提升了牧区综合生产能力，提高了当地特色农产品的市场竞争力，为区域农牧业产业化发展提供了典型和示范。经过多年的探索，合作社发展出"种饲草+养牛+屠宰加工+销售"融为一体的全产业链模式，合作社统一收购成员养殖的肉牛，将出栏的牛集中宰杀排酸、分割灭菌、打包寄出，并提供免费加工熟食服务。线上订购、线下消费是目前合作社的主要销售模式，合作社现有 6 家直营店，多家加盟店，分布在呼和浩特、烟台、宁波、长春、北京等地区。线上销售主要通过京东和淘宝平台进行。依托合作社自有品牌"玛拉沁艾力"，在实现自身不断发展壮大的同时，有效辐射带动了地区农牧业结构调整和农牧民脱贫致富。

二、金融服务

农民在农业生产经营中经常面临资金短缺，在金融服务中处于弱势方，难以获得充足融资。初创期、缺乏担保的农业生产者存在信用水平低、金融支持不足、还款能力差等问题，大多金融机构更倾向于支持规模以上涉农企业，致使金融机构对农业生产者提供的信贷服务和金融资源规模有限，资金配置在涉农领域出现不均衡的现象。与其他产业相比，农业周期长，信贷产品时间短，导致借新还旧、短贷长用的现象。大部分农民不懂相关融资和贷款的利率，从而受到中间商和高利贷盘剥，面临"融资难、融资贵"等问题。

农村信用合作社（以下简称农信社）是指经中国人民银行批准设立、由社员入股组成、实行民主管理、主要为社员提供金融服务的农村合作金融机构，主要为农村地区提供金融服务。农村信用社是中国金融体系的重要组成部分，其主要任务是筹集农村闲散资金，为农业、农民和农村经济发展提供金融服务。与地方性银行类似，农信社一般分布在乡镇或农村地区。各省均设立省级农村信用社联合社（以下简称省农信联社），各个省级单位的农信联社是相互独立的，图5-1列举出了国内部分省级农村信用社联合社。

 山西省农村信… 山西省农村信用社… 福建省农村信… 福建省农村信用社…  黑龙江省农村… 黑龙江省农村信用社…  吉林省农村信… 吉林省农村信用社…

图5-1　国内部分省级农村信用社联合社示例

农信社在中国广泛存在，其发展目标是为农民和农村居民提供金融服务，如存款、贷款、支付结算等，其宗旨是服务于"三农"，为社员提供优先贷款的资格和服务，更好地解决社员创业的资金难题。由于农信社的规模较小，因此在经营过程中主要采用自主经营、独立核算的方式，相较于其他银行，在管理方式上更具有灵活性。同时，农信社设点开设的范围较广，数量较多，在同一地区就拥有多个分支机构，更贴近农民的生活，能够为农民提供快速、方便的金融服务。目前，农信社在中国农村金融市场中占据着重要的地位。截至2022年末，全国农信社系统共有机构2000多家，资产合计47.8万亿元。农信社的业务范围也在不断扩大，除传统的储蓄和贷款业务外，还提供了电子银行、理财、支付结算等多种金融产品和服务。

农信社可以依照国家法律和金融政策的规定，组织和调节农村资金，支持农业生产和农村综合发展，支持各种形式的合作经济和社员家庭经济，限制和打击高利贷。发展农村合作金融，是解决农民融资难问题的重要途径，是合作经济组织增强服务功能、提升服务实力的现实需要。如今，农信社已经成为我国农业发展、农民增收、农村振兴的重要助手，充分展现支持"三农"的有效作用。

第二节 文化服务

合作社的活动整体上可分为经济活动和文化活动两部分，通过经济活动支撑文化发展，通过文化活动稳固经济合作，形成双管齐下的发展脉络。合作社文化具有群体凝聚功能、行为约束功能、动机激励功能、同频共振功能等，可以通过共同的文化信念增强社员之间的凝聚力，促进合作社的良性发展。将合作社文化融入日常管理，使文化成为一种管理手段，有利于推动合作社发展壮大。通过建设合作社文化，可以满足社员精神生活的需要，培养社员与合作社同生存、共命运的意识，从而使合作社更有凝聚力、推动力和发展活力。

理事会和理事长作为合作社的"大脑"，除了担负经营管理职责，更应当发挥其对组织成员文化学习的重要职能。因此，合作社理事会应当发挥其组织职能，可以通过组织培训班、设立图书馆、文化室，组织网络信息学习等形式加强对合作社成员的培训。合作社可以抓住农民丰收节等重要时点，举办赏花、踏春、农业生产比赛等多姿多彩的文化活动，发动社员建立歌舞队、礼仪队，编排特色节目，通过现场表演、传授技艺、售卖产品等形式让农民广泛参与到活动中，结合电商发展趋势，组织社员学习短视频制作，将文化活动与经营活动结合起来，实现农民文化创造能力变现，激发农民参与巩固文化的热情和内生动力。

【案例】

2006 年，北京富平学校与合作社共同创办了永济市富平农村农民专业合作社学校，对社员进行农业技术培训和文化普及，不断满足合作社成员日益增长的精神文化需求。合作社建立小型图书馆、红娘手工艺作坊、设立职工食堂迈思小茶馆、妇女文化活动中心等文艺活动场所，为成员提供了一个展现才华、张扬个性、实践创新的平台；合作社创办了报纸，满足了成员文化需求，提高成员文化素质；合作社还开展了电脑服务中心，积极开展健康向上、丰富多彩的网络文化活动，充分发挥网络新型媒体在农民专业合作社文化建设中的重要作用，为合作社的发展提供强大的智力支持和精神动力。

第三节　社会服务

农户加入合作社后不仅可以享受合作社提供的经济和文化服务，还可以享受合作社提供的其他社会福利，提升农户的生活质量。合作社的社会服务功能在改善农村医疗救助、互助养老、生活救济、教育补助、基础设施等方面发挥着重要作用，通常情况下，合作社的社会服务主要包括以下三种：

第一，教育和医疗。对没有能力或不愿意参加培训和学习的合作社成员，合作社可以通过邀请专业的技术人员或者有经验的合作社成员进行技术培训和经验分享，这些培训项目包括技术教育、管理知识、创业技能、市场营销等。对合作社成员子女的照顾和教育出台一定的优惠，如建立合作社幼儿园等。对年龄较大的成员缴纳医疗保险或发放一定现金补贴，让成员更有幸福感和获得感。

第二，福利津贴。对家庭经济困难的成员，合作社可以通过发放福利津贴帮助其渡过生活难关。福利津贴包含现金和实物两种形式，现金形式的福利津贴如帮助突发困难的成员筹集资金、资助低收入成员的子女读书等；实物形式的福利津贴如向成员发放农产品或者生产资料，让成员更有安全感。

第三，其他福利。其他福利包括但不限于住宿、交通、通信、文化娱乐等方面的服务，如住宿方面的补贴、通信方面的补贴等，也包括合作社组织内部成员参加的各种活动，如为成员组织活动、举办宴会等。这些活动以合作社名义举办，满足成员娱乐和社交方面的需求。

合作社的社会服务在医疗教育、待遇保障、休闲娱乐、美化乡村等方面均有一定的推动作用，这些惠民服务有助于农户共享合作社发展成果，提高农户的社会地位和尊严，产生广泛的社会效益。

【案例】

烟台市南台村合作社成立于 2018 年，为村集体领办合作社，全体村民都是合作社社员，通过村集体与村民之间的股份合作机制得以建立和维系。通过利益治理确保乡村整体治理效能的实现。例如，合作社把村庄环境整治、村容村貌治理和村民享受村集体"三耕"（春耕、秋耕、冬耕）免费服务挂钩。在乡村治理实践中，南台村村民理事会、村民议事会、村务监督委员会等村民自治组织在村合作社经济的扶持下在协助村民办理婚丧嫁娶、组织开展各种节庆礼仪活动、倡导积极向上的乡规民约方面发挥了积极作用。

南台村合作社经济的发展壮大提升了村落的公共服务水平，使村中的老人、低收入群体和儿童能直接感受到村落集体的温暖。为了重建村庄公共生活，让所有居民都享受集体经济的红利，村委会在合作社发展壮大以后，都依据自身效益差异化抽取 10%～20% 的"公益金"用于村庄基础设施改造、文化娱乐活动、儿童文化教育、老人医疗养老等生活服务。南台村合作社利用集体公益金为村民盖了老年食堂、让村民喝上了净化水；为适龄上学儿童提供免费校车服务；还为村里的低收入户赠送一股原始股金，每年从公益金中提取部分资金定向开展乡村帮扶工作。由此可见，合作社的福利事业发挥了托底型社会服务的功能。村里的低收入群体、丧失劳动能力的人或"空巢"老年人能直接享受到合作社发展带来的福利。

第六章　合作社的支持政策

合作社的发展需要扶持和支持，国家十分重视合作社的发展建设，特别是自 2007 年《中华人民共和国农民专业合作社法》出台以来，各级政府出台了诸多政策以支持合作社的发展。近年来，我国的农业发展发生了深刻变化，把合作社作为应对新形势下农业农村发展的重要抓手，为合作社的发展提供了诸多政策支持，支持引导合作社高质量发展。鉴于国家和地方出台了诸多关于合作社的支持政策，本章主要对国家层面各类支持政策的发展过程及具体内容进行介绍和梳理。

第一节　支持政策

一、财政支持政策

财政支持是各国支持合作社发展最直接也是最常用的手段。为支持合作社的发展，中央财政历来重视农民合作社发展工作，从现代农业生产发展资金中安排部分资金支持合作社发展，在财政方面给予合作社多渠道、多方面的支持，对合作社的发展起到了明显的促进作用。《中华人民共和国农民专业合作社法》第八章第六十五条规定：中央和地方财政应当分别安排资金，支持农民专业合作社开展信息、培训、农产品标准与认证、农业生产基础设施建设、市场营销和技术推广等服务。国家对革命老区、民族地区、边疆地区和欠发达地区的农民专业合作社给予优先扶助。县级以上人民政府有关部门应当依法加强对财政补助资金使用情况的监督。总体来看，我国对合作社的财政支持政策主要体现在两个方面：一方面设立专项资金支持合作社开展相关服务，增加合作社发展资金，提高合作社的服务能力和发展能力。另一方面为合作社提供多渠道资金支持，加大对合作社的补贴倾斜力度，增加补贴额度，优化补贴结构。

（一）专项资金支持

2004 年，财政部印发了《中央财政农民专业合作组织发展资金管理暂行办法》，明确财政扶持合作经济组织的发展，截至 2006 年，扶持合作经济组织的财政资金为 2.7 亿元。在 2007 年《中华人民共和国农民专业合作社法》颁布以后，当年的财政资金就安排到 2.2 亿元。此后，财政部门不断加大对合作社的扶持力度，2007~2013 年，累计安排 95.77 亿元资金用于扶持合作经济组织的发展，年均扶持资金 16 亿元。2013 年，财政部印发了《关于支持农民合作组织发展促进农业生产经营体制创新的意见》，进一步加强了财政支持合作经济组织的力度，指出对农民合作经济组织在基础设施、人才、社会化服务等六个方面的支持。2017 年中央财政农业生产发展资金项目安排补助资金 14 亿元，专门用于支持农民合作社，采取"中央指导、地方落实"的管理方式，将审批权限下放给地方，支持各地灵活运用贷款贴息、先建后补、以奖代补等方式，大力扶持粮食等农民合作社加强自身能力建设，重点支持制度健全、管理规范、带动力强的国家示范社，适当兼顾农民合作社联合社，发展绿色生态农业，开展标准化生产和市场营销。

（二）多渠道综合补贴

国家高度重视农业补贴政策的有效实施，要求在稳定加大农业补贴力度的同时，逐步完善农业补贴政策，改进农业补贴办法。针对合作社的补贴政策比较分散，种类也比较多。如在生产环节的农机补贴、农资补贴等，在金融保险方面的贷款补贴、农业保险补贴，在土地流转方面的土地流转补贴，以及在项目建设方面有水利设施、良田改造等多方面的补贴。这些补贴项目分布在各个部门与各级政府之间，不同身份、地区之间也存在差别，视具体情况而定。2015年，财政部、农业部印发了《关于调整完善农业三项补贴政策的指导意见》，调整完善农作物良种补贴、种粮农民直接补贴和农资综合补贴等农业"三项补贴"政策。这项政策一是在全国范围内从农资综合补贴中调整20%的资金，加上种粮大户补贴试点资金和农业"三项补贴"增量资金，统筹用于支持粮食适度规模经营，重点支持建立完善农业信贷担保体系。二是选择部分省开展试点，将农作物良种补贴、种粮农民直接补贴和农资综合补贴合并为农业支持保护补贴，政策目标调整为支持耕地地力保护和粮食适度规模经营。2016年，财政部会同农业部等部门印发了《关于全面推开农业"三项补贴"改革工作的通知》，在全国范围内全面推开农业"三项补贴"改革，补贴资金支持对象重点向种粮大户、家庭农场、农民合作社和农业社会化服务组织等新型农业经营主体倾斜，体现"谁多种粮食，就优先支持"。鼓励各地创新支持方式，采取贷款贴息、重大技术推广与服务补助等方式，对新型农业经营主体贷款贴息可按照不超过贷款利息的50%予以补助。

二、金融支持政策

《中华人民共和国农民专业合作社法》第八章第六十六条规定：国家政策性金融机构应当采取多种形式，为农民专业合作社提供多渠道的资金支持，具体支持政策由国务院规定。国家鼓励商业性金融机构采取多种形式，为农民专业合作社及其成员提供金融服务。国家鼓励保险机构为农民专业合作社提供多种形式的农业保险服务。鼓励农民专业合作社依法开展互助保险。目前，在各地合作社的实践中，资金短缺一直束缚着合作社的发展壮大，迫切需要各级政府、金融机构加大对合作社的金融支持力度。

2006年，银保监会出台了《关于调整放宽农村地区银行业金融机构准入政策　更好支持社会主义新农村建设的若干意见》，放宽农村地区银行业金融机构市场准入条件，允许在农村设立三类新型金融机构，其中包括信用合作组织——农村资金互助社。2007年，为规范资金互助社发展，银保监会印发了《农村资金互助社示范章程》。2008年，在中共十七届三次会议上通过了关于推进农村改革的若干决议，在建立现代农村金融制度时指出，有条件的合作社可以开展信用联合，为合作社由生产合作向信用合作发展给予指示。2009年，农业部会同银监会对服务农民专业合作社的金融工作进行部署，联合印发了《关于做好农民专业合作社金融服务工作的意见》，从五个方面加大对农民专业合作社给予金融支持：一是把农民专业合作社全部纳入农村信用评定范围。二是加大信贷支持力度。实施差别化的针对性支持措施，重点支持产业基础牢、经营规模大、品牌效应高、服务能力强、带动农户多、规范管理好、信用记录良的农民专业合作社。三是创新金融产品。支持和鼓励结合实际创新金融产品。四是改进服务方式。加快综合业务网络系统建设，鼓励在农民专业合作社发展比较充分的地区就近设置ATM机、POS机等，稳步推广贷记卡业务，探索发展手机银行业务。五是鼓励有条件的农民专业合作社发展信用合作。优先选择在农民专业合作社基础上开展组建农村资金互助社的试点工作。

2010年中央一号文件提出，各级政府扶持的贷款公司要把农民专业合作社纳入服务范围，支持有条件的合作社兴办农村资金互助社。这是对合作社在制度设计上的又一重要举措和重大突破。2012年中央一号文件指出，要不断加大对合作社的信贷投放力度。2014年中央一号文件进一步指出，要设立融资性担保公司以加大对合作社的信贷支持力度，解决合作社贷款缺乏有效抵押物的问题，从而缓解合作社贷款难问题。2016年，《国务院办公厅关于完善支持政策促进农民持续增收的若干意见》提出，健全新型农业经营主体支持政策，加强农村金融服务，探索财政撬动金融支农新模式。2017年，《关于加快构建政策体系培育新型农业经营主体的意见》提出，综合运用税收、奖补等政策，鼓励金融机构创新产品和服务，加大对新型农业经营主体、农村产业融合发展的信贷支持。

2020年，《关于扩大农业农村有效投资　加快补上"三农"领域突出短板的意见》要求，切实做好新型农业经营主体金融服务工作，提出了以下意见：加强新型农业经营主体信息共享；增强新型农业经营主体金融承载力；健全适合新型农业经营主体发展的金融服务组织体系；推动发展新型农业经营主体信用贷款；拓宽新型农业经营主体抵押质押物范围；创新新型农业经营主体专属金融产品和服务；完善信贷风险监测、分担和补偿机制；拓宽新型农业经营主体多元化融资渠道；提升农业保险服务能力；强化金融支持新型农业经营主体的政策激励。2021 年，中国人民银行牵头印发了《关于金融支持新型农业经营主体发展的意见》，推动健全金融服务组织体系，创新新型农业经营主体专属金融产品和服务，提升新型农业经营主体金融服务的可得性。

在创新金融服务方面，支持金融机构结合职能定位和业务范围，对农民合作社提供金融支持。鼓励全国农业信贷担保体系创新，开发适合农民合作社的担保产品，加大担保服务力度，着力解决农民合作社"融资难、融资贵"的问题。开展中央财政对地方优势特色农产品保险奖补试点。鼓励各地探索开展产量保险、农产品价格和收入保险等保险责任广、保障水平高的农业保险品种，满足农民合作社多层次、多样化风险保障需求。鼓励各地利用新型农业经营主体信息直报系统，点对点为农民合作社对接信贷、保险等服务。探索构建农民合作社信用评价体系。防范以农民合作社名义开展非法集资活动。

三、税收优惠政策

《中华人民共和国农民专业合作社法》第八章第六十七条规定：农民专业合作社享受国家规定的对农业生产、加工、流通、服务和其他涉农经济活动相应的税收优惠。中央一直重视对合作社的税收优惠和税费减免政策支持。2008 年，财政部、国家税务总局下发了《关于农民专业合作社有关税收政策的通知》，给予合作社增值税、印花税优惠政策如下：一是对农民专业合作社销售本社成员生产的农业产品，视同农业生产者销售自产农业产品免征增值税。二是增值税一般纳税人从农民专业合作社购进的免税农业产品，可按 13% 的扣除率计算抵扣增值税进项税额。三是对农民专业合作社向本社成员销售的农膜、种子、种苗、化肥、农药、农机，免征增值税。四是对农民专业合作社与本社成员签订的农业产品和农业生产资料购销合同，免征印花税。至此，合作社的税收优惠制度基本确立，优惠力度也在不断加强。2009 年中央一号文件指出，要将合作社纳入税务登记系统。2013 年中央一号文件进一步指出，要把合作社纳入国民经济统计并作为单独纳税主体列入税务登记。将合作社纳入税务登记，既是对合作社作为纳税主体的进一步确认，也有利于合作社依法享受相关税费减免政策，将税费支持政策落到实处。2016 年中央一号文件明确提出，要落实和完善相关税收优惠政策，支持合作社发展农产品加工流通。

近年来，中央财政安排专项资金支持新型农业经营主体发展，出台了一系列税收优惠政策，减轻了合作社的生产经营负担，为合作社的生产经营提供了有力支持。其主要税收政策如下：

（一）增值税

一是对农民合作社销售本社成员生产的农业产品，视同农业生产者销售自产农业产品，免征增值税。二是增值税一般纳税人从农民合作社购进的免税农产品，可按一定扣除率计算抵扣增值税进项税额。三是对农民合作社向本社成员销售的农膜、种子、种苗、农药、农机，免征增值税。四是对农业机耕、排灌、病虫害防治、植物保护、农牧保险及相关技术培训业务，家禽、牲畜、水生动物的配种和疾病防治，免征增值税。五是纳税人提供经营性服务年销售额不足 500 万元的，属于增值税小规模纳税人，可以适用简易计税方法按 3% 征收率缴纳增值税，农民合作社如果符合条件，可以按规定使用相关政策。

（二）企业所得税

企业从事农产品的种植、农作物新品种的选育、灌溉、农产品初加工、兽医、农技推广等农、林、牧、渔业项目的所得，免征企业所得税。2019 年，国家出台了小微企业普惠性减税措施，大幅度放宽享受企业所得税优惠的小型微利企业标准，并加大所得税优惠力度。小型微利企业年应纳税所得额不超过 100 万元、100 万~300 万元的部分，分别减按 25%、50% 计入应纳税所得额，使实际税负分别降至 5%、10%。符合条件的农民合作社和相关企业均可按规定享受农业项目减免税和小型微利企业普惠性减免政策。

（三）印花税

对农林作物、牧业畜类保险合同暂免征印花税，对农民专业合作社与本社成员签订的农业产品和农业生产资料购销合同免征印花税，对国家指定的收购部门与村民委员会、农民个人书立的农副产品收购合同免征印花税。

（四）个人所得税

个人或个体户从事种植业、养殖业、饲养业、捕捞业（以下简称"四业"）取得的所得，不征收个人所得税；个人独资企业和合伙企业从事"四业"，其自然人投资者取得的"四业"所得，暂不征收个人所得税。

（五）其他税收

在契税方面，对承受荒山、荒地、荒滩土地使用权用于农、林、牧、渔业发展的，免征契税；在城镇土地使用税方面，直接用于农、林、牧、渔业的生产用地，免缴土地使用税；在耕地占用税方面，对占用园地、林地、草地、农田水利用地、养殖水面、渔业水域滩涂以及其他农用地，建设直接为农业生产服务的生产设施不缴纳耕地占用税。此外，还出台了小微企业普惠性减税措施，符合条件的农民合作社均可享受上述优惠政策。

四、用地用电政策

（一）用地保障

《中华人民共和国农民专业合作社法》第八章第六十八条规定：农民专业合作社从事农产品初加工用电执行农业生产用电价格，农民专业合作社生产性配套辅助设施用地按农用地管理，具体办法由国务院有关部门规定。

2014 年，国土资源部、农业部下发《关于进一步支持设施农业健康发展的通知》，明确了包括合作社在内的新型农业经营主体配套设施用地的具体范围。2015 年，《关于推进农村一二三产业融合发展的指导意见》提出，在各省份年度建设用地指标中单列一定比例，专门用于新型农业经营主体进行农产品加工、仓储物流、产地批发市场等辅助设施建设。

（二）用电保障

2014 年，农业部会同国家发展改革委、财政部等部门下发《关于引导和促进农民合作社规范发展的意见》，明确提出合作社从事种植、养殖的用水用电及本社成员农产品初加工用电执行农业生产相关价格。2016 年，《国务院办公厅关于支持返乡下乡人员创业创新　促进农村一二三产业融合发展的意见》提出，返乡下乡人员发展农业、林木培育和种植畜牧业、渔业生产、农业排灌用电以及农业服务业中的农产品初加工用电，包括对各种农产品进行脱水、凝固、去籽、净化、分类、晒干、剥皮、初烤、沤软或大批包装以供应初级市场的用电，均执行农业生产电价。2017 年，《关于加快构建政策体系培育新型农业经营主体的意见》进一步要求，新型农业经营主体发展农产品初加工用电执行农业生产电价。

近年来，国家政策文件多次要求落实用地用电政策。农民合作社从事设施农业，其生产设施用地、附属设施用地、生产性配套辅助设施用地，符合国家有关规定的，按农用地管理。各地在安排土地利用年度计划时，加大对农民合作社的支持力度，保障其合理用地需求。鼓励支持农民合作社与农村集体经济组织合作，依法依规盘活现有农村集体建设用地发展产业。通过城乡建设用地增减挂钩节余的用地指标积极支持农民合作社开展生产经营。落实农民合作社从事农产品初加工等用电执行农业生产电价政策。

五、人才扶持政策

人才是合作社发展的关键。法律对加强合作社人才培养作出了明确规定，中央一号文件多次提出加强合作社人才培训，有关部门坚持"走出

去"与"引进来"相结合,大力加强合作社人才培养,主要措施有以下两方面:

(一)加强合作社带头人培训

2014 年开始,农业部联合财政部启动实施了新型职业农民培育工程,重点面向农民合作社骨干、农业社会化服务人员和返乡涉农创业者等,以提高生产经营能力和专业技能为目标,围绕产业发展需要,开展农业全产业链培训,培养一批爱农业、懂技术、善经营的新型职业农民。2016 年中央财政安排资金 13.86 亿元,用于支持新型职业农民培育,培训对象向合作社等新型农业经营主体带头人和现代青年农场主倾斜。农业部在 26 个省份建设了 30 个部级农村实用人才培训基地,每年依托农村实用人才带头人示范培训项目,面向全国遴选农民合作社骨干等新型农业经营主体带头人,到培训基地学习交流,提升带头致富和带领农民群众共同致富的能力。

2022 年,农业部联合财政部启动实施乡村产业振兴带头人培育"头雁"项目,将符合条件的农业职业经理人纳入遴选培育范围,开展线下集中授课、线上课程学习,组织到农民合作示范社、示范家庭农场等实践实训。依托"耕耘者"振兴计划、乡村产业振兴带头人培育"头雁"项目、高素质农民培育计划等,面向包含农民合作社理事长等重点群体,加快培养一批有技术、懂管理、善经营的新型农业经营主体带头人,深入实施新型农业经营主体提升行动,进一步健全指导服务体系,加大政策扶持和人才培养力度,支持农民合作社提升发展质量效益,增强服务带动能力,助力全面推进乡村振兴。

(二)引导高校毕业生到合作社等基层就业创业

教育部全面贯彻落实中共中央办公厅、国务院办公厅《关于进一步引导和鼓励高校毕业生到基层工作的意见》精神,积极引导和鼓励毕业生到城乡基层就业创业;会同中组部、人力资源和社会保障部、团中央组织实施"农村教师特岗计划""大学生村官""三支一扶""西部计划"四大中央基层就业项目,落实和完善学费补偿和助学贷款代偿、后续升学和就业服务等政策；还为毕业生推送基层就业、自主创业等政策措施，鼓励毕业生面向"三农"就业创业。

2022年，农业农村部印发了《关于实施新型农业经营主体提升行动的通知》，鼓励返乡下乡人员创办农民合作社，支持发展到一定规模的农民合作社探索决策权与经营权分离，引入职业经理人，提升经营管理水平。下一步，农业农村部将深入实施新型农业经营主体提升行动，以内强素质、外强能力为重点，支持培育农民合作社带头人，增强支撑产业功能。

第二节　规范化建设

《中华人民共和国农民专业合作社法》实施后，2009年的中央一号文件提出要加快农民专业合作社的发展，并要求开展示范社建设行动，至此示范社建设和评选在全国范围内开展起来。农业部会同司法部、国家发展改革委、财政部等11个部门，开展示范社的建设，并联合下发了《关于开展农民专业合作示范社建设行动的意见》，在当年着手开始示范社建设行动。并于2011年由农业部等12个部门发布了首批"农民专业合作社示范社名录"，名录共评选出示范社6663家，这些示范社均为实践中运行的较为符合正式制度的合作社，起到了合作社规范发展的带头和示范作用。

除农业部外，其他部门如林业部、供销社等同样也在开展合作社促进工作和示范社建设工作，进一步推进合作社规范发展。2013年，国务院批复建立由农业部牵头的全国农民合作社发展部际联席会议制度，联席会议由农业部、发展改革委、财政部、水利部、税务总局、工商总局、林业局、银保监会、供销合作总社9部门和单位组成，负责对农民合作社的指导和服务，并制定国家农民合作社示范社评定监测管理办法，同年制定了

《国家农民专业合作社示范社评定及监测暂行办法》，将合作社内部治理机制、分配机制等作为国家示范社评定标准，并对合作社盈余分配比例进行了明确要求。2014年，农业部会同发展改革委、财政部等部门下发了《关于引导和促进农民合作社规范发展的意见》，要求加强农民专业合作社规范化建设，把运行规范的合作社作为政策扶持重点，要求合作社把财政补助形成资产平均量化给全体成员，建立规范透明的管理制度。2015年，启动国家示范社动态监测活动，根据《国家农民专业合作社示范社评定及监测暂行办法》，全国农民合作社发展部际联席会议对示范社开展监测工作，对已被评定的农民合作社示范社进行监测，最终评定出合格示范社。2017年，中央财政安排补助资金，重点支持制度健全、管理规范、带动力强的国家农民合作社示范社。江苏、山西、湖南等省份建立了示范社项目库、合作社名录，明确涉农项目向示范社倾斜。目前，2022年全国农民合作社发展部际联席会议认定北京聚兰兴养殖专业合作社等1919家农民合作社为国家农民合作社示范社，杭锦后旗沙海镇沙沟农民用水户协会等54家农民用水合作组织为全国农民用水合作示范组织。对于上述国家农民合作社示范社，进一步做好监测工作，加强对国家示范社的后续跟踪，指导其按照国家示范社标准发展运营。

近年来，越发出现部分无农民成员实际参与、无实质性生产经营活动的"空壳社"，这些合作社或因经营不善等原因停止运行，或纯粹以合作社名义骗取套取国家财政奖补、项目扶持资金、税收优惠等，或出于从众心理，仅注册合作社但并未实际运营，这类"空壳社"的存在严重影响到正常运作的合作社的社会声誉，也影响到其他市场主体平等获得金融贷款的机会，干扰了经济市场的运行。"空壳社"问题在农村各地不同程度地存在，已经成为合作社发展过程中急需引起重视的突出问题，对农民专业合作社的健康可持续发展带来了不良影响。对此现象，2019年，中央农办、农业农村部等11个部门和单位联合开展农民专业合作社"空壳社"专项清理工作，按照"清理整顿一批、规范提升一批、扶持壮大一批"的工作思路，对"空壳社"进行专项清理。各地针对"空壳社"的不同成因，采取指导规范、引导注销、依法依规处置等办法进行分类处置。2021 年，《农业农村部办公厅关于建立"空壳社"治理长效机制促进农民合作社规范发展的通知》，提出要建立健全源头治理的规范运行机制、畅通便利的市场退出机制和提升发展的指导服务机制，进一步巩固"空壳社"专项清理成果，更好激发农民合作社活力，提升规范发展水平。

第七章　合作社的国内案例

　　我国合作社的经营范围分布广泛，涉及种植、养殖、加工和服务业等多个行业。截至 2023 年 3 月底，全国依法登记的农民合作社达 223.4 万家（其中种粮合作社 51.7 万家），农民合作社依法自愿组建联合社 1.5 万家。从合作社类型来看，种植类合作社的数量最多、发展最快，其次是畜牧业和服务业合作社。从合作社分布地区来看，我国存续的合作社主要分布在山东、河南、湖南、安徽等传统农业大省。由于地区间农业发展水平、产品市场化程度及政策实施情况等存在差异，不同地区合作社发展水平也参差不齐。本章在综合考虑区域位置和经营状况的情况下，从种植类、养殖类、服务类和其他类型的合作社中挑选发展势头较好的合作社示范社进行介绍，以期为不同类型的合作社发展提供有益的借鉴与启示。

第一节　种植类合作社

一、案例一：河南省西华县农福种植专业合作社

　　河南省西华县农福种植专业合作社成立于 2009 年，是一家集种子生产、加工、销售、农资市场开发、无土栽培育苗、蔬菜种植于一体的专业

合作社，获评河南省省级示范社、省级社会化服务示范组织等称号。合作社现有成员 129 户，服务带动农户 1200 余户。2021 年，合作社签约托管服务土地面积 12 万余亩，年销售收入 1270 万元，年盈余 90 多万元，成员平均增收 6000 余元。

第一，坚持高质高效，强化"良种置换"。

合作社长期致力于种子研发工作，运用绿色高质高效生产技术，建好种子培育示范基地。结合当地独特的沙壤土质和春秋季节少雨的气候环境特点，合作社研发了含油率高、含油酸高、适应性广、抗病性强的高油酸花生新品种"箕花 1 号"。为更好、更快地推广优质新品种，实现种植户增产增收，合作社在西华县首创"良种置换"模式：先为种植户提供种植所需要的种源，种植户按照种植亩数缴纳部分定金，待农作物收获后，将产品再交售到合作社，合作社按农户领取的同等种子数量进行扣除并退还定金。"良种置换"模式的推行，不仅大幅减少了种植户购买种子所需要的成本，而且凭借合作社回收产品的担保，种植户更不用为销路发愁，着实起到了节本增收的效果。随着合作社的良种种植面积逐渐扩大和产业规模有效壮大，服务内容从简单的"回收—筛选"升级到"回收—筛选—脱粒—加工"，有效地提升了合作社的服务带动能力。截至 2022 年，合作社已实现小麦良种置换面积 5500 亩、花生良种置换面积 4000 亩，累计种植户达 206 户。

第二，打铁还需自身硬，强素质练内功。

一是强化内部管理。合作社严格遵守《中华人民共和国农民专业合作社法》，设立成员大会、理事会、监事会等组织机构，修订完善了合作社章程，建立了财务管理、安全生产管理、监事会监管、成员代表大会等制度，通过选举产生成员代表、理事会成员、监事会成员，设立财务部、市场营销部和安全生产管理服务部等内部管理机构。按照"民办、民管、民受益"和"服务系列化、经营实体化、形式多样化"的组织原则，合作社实行重大事项民主决策、理事会统一执行、监事会民主监督的运行机制。二是加强成员培训。合作社采取"请进来"和"走出去"的培训方式，运用多媒体培训教室和线上网络课堂，邀请市县农业农村局、农科所专家为合作社技术人员、种粮大户开展农业生产技术培训。合作社还组织农户和农业经营主体代表到湖北、山东等省份参观学习托管模式及先进经验，有效推动了农业生产社会化服务的顺利开展。2022 年，合作社组织专家下地指导种植作业 139 次，召开线下培训会 16 场次、线上培训会 23 场次，参会种植户达 1600 余人次。三是规范服务管理。合作社找出农业生产管理的短板，完善农业生产全程服务方案，与服务对象签订规范的服务合同，明确服务地点、服务面积、服务内容、作业质量、完成时限、收费标准、服务指标等，内容涵盖作物高产管理、营养解决方案、水肥一体化管理、土壤改良与修复、减肥增效等方面，引导农户改变传统模式，着力推进服务规模经营和绿色高效农业生产方式。2022 年，规范签订服务合同 1000 余份。合作社根据市场需求，拓宽服务领域，将服务领域从粮食、花生等大宗农作物田间管理拓展到粮食收储，不断提高农产品烘干、仓储、加工等环节的服务水平。合作社拥有自动化种子加工生产线 3 条，大型收割机 2 台，大型拖拉机 2 台，运输车辆 3 辆，小型播种机、旋耕机 13 台，输送机 5 台，自走式打药机 2 台，机械化烘干生产加工线 1 条，植保飞防无人机 4 台，立储仓体积 5000 立方米，配备有蔬菜水分检测、农残速测等先进仪器。2022 年，合作社开展玉米烘干服务 2500 吨。

第三，创新服务模式，带动群众增收。

合作社实践探索种植业"种、管、收、售"全程托管和"科技+订单"的多元化服务新模式，带动农民持续增收。一是全程托管模式。采用"合作社+基地+农户"的经营模式，实行统一供种、统一供肥、统一供药、统一管理、统一收储、统一销售"六统一"管理。把农技、农机、农资、田间作业等服务打包，整体推送给农户，农户每亩节本增效 300 余元，实现了农户利益最大化。二是半托管服务模式。农户在不流转土地经营权的前提下，只需要将农业生产的某个作业环节委托给合作社管理，合作社按委托作业环节收费，受到了传统小农户的欢迎。2022 年，合作社服务小农户 5000 余户，服务面积约 4 万亩次。三是站点服务模式。合作社成立了乡村服务站，为农户提供农资采购、病虫害防治、粮食烘干等关键环节的服务。目前，合作社已经建立了17支乡镇服务队、18个村级服务站，2022年签约托管服务土地面积达5万余亩。

简评：河南省西华县农福种植专业合作社大力开展农业生产"六统一"服务，推动多种形式的粮食种植、收储、农业机械化生产等服务，创新服务模式，规范服务管理，拓宽服务领域，推广"良种置换"，把"藏粮于地、藏粮于技"真正落到实处，带动成员和农户节本增效、多种粮种好粮。

二、案例二：山东省寿光市众旺果蔬专业合作社

山东省寿光市众旺果蔬专业合作社成立于2014年，合作社依托村党支部领办优势，吸纳全村60%的村民入社发展大棚蔬菜种植，积极开拓国内海外两个市场，获评粤港澳大湾区"菜篮子"生产基地、冬奥会蔬菜直供基地，成为全国50个蔬菜质量标准中心试验示范基地之一，获得中国和全球良好农业规范体系（GAP）双认证。2021年，合作社所在的崔岭西村人均年收入达4.2万元，户均存款超过30万元，村集体收入实现430万元，被评为全国"一村一品"示范村。

第一，支部引领，经营管理规范化。

崔岭西村共有村民226户880人，其中党员30人，耕地面积1500亩，是一个典型的农业村，以种植大棚蔬菜为主要产业。为统一品种、统一品牌、统一销售渠道，村党支部领办成立了众旺果蔬专业合作社，由13名党员主动带头，把群众组织起来，规范种植行为，抱团开拓市场。合作社鼓励村民以土地、资金等方式出资加入合作社，并将村集体吸纳为团体成员。合作社实行村集体、合作社和农户利益共享、风险共担的联结机制，全村以土地经营权作价出资的成员有133户，每亩为1股，共计200股；以现金出资的成员有163户，累计出资109.05万元，300元为1股，共计3635股；村集体以集体复垦的200多亩土地出资入社。合作社以高于市场价0.4~0.6元/千克的价格收购成员种植的蔬菜，成员年增收2万元。

第二，科技赋能，生产设施智能化。

为提高资源利用率，合作社对入社土地进行统一规划建设，共建成智能大棚40个，集中配套了用水、用电、硬化、绿化、亮化、监控等设施设备，统一协商定价，将智能大棚分配给成员管理。智能大棚配备了自动卷帘机、放风机、雾化机、植物生长灯、水肥一体机等（见图7-1），农户通过手机 App 就能完成遥控放风、补光、加湿、浇水、施肥操作，每个蔬菜大棚节约劳动力50%，亩产效益提高了30%，每个大棚年收入达20万元。

图7-1 合作社大棚智能雾化设施

合作社给每个大棚建立了温室健康档案，实行蔬菜生产"大数据"源头可追溯系统全覆盖，每周对成员蔬菜大棚进行环境抽检并录入追溯系统，对合作社统一收取的蔬菜进行质量安全检测，检测结果同步录入系统，实现数据追溯到户，确保蔬菜质量全部达到绿色标准。

第三，质量先行，产销衔接一体化。

合作社严格执行"六统一"管理模式，即统一技术服务、统一农资供应、统一生产管理、统一质量检测、统一产品包装、统一品牌销售。为确保产品质量，大力推广"良田良品"项目，通过增施有机肥、使用雄蜂授粉等绿色生产技术，提高土壤品质；与莱农之家联合社合作，定期为蔬菜大棚进行测土配方施肥，防止土壤板结、营养流失。2020年，合作社注册了"崔西一品"商标，借助国内电商和各类蔬菜销售渠道进行品牌营销，拉动蔬菜价格提高 10 元/千克左右。2021 年，合作社与北京农业科学院合作，在园区开展"原味一号"草莓番茄种植，该品种糖酸比达 13 左右，酸甜可口，香味浓郁，深受市场青睐，每个棚每年增收 3 万元。

第四，"双线"驱动，市场渠道多元化。

一是瞄准线下国际市场。2016 年，合作社赴黑龙江、内蒙古等省份考察边境蔬菜贸易，与满洲里口岸、绥芬河口岸的蔬菜外贸公司签订了长期合作协议，建立起规范、稳定的销售渠道。自 2016 年以来，合作社先后开辟了莫斯科、伊尔库斯克、新西伯利亚等国际市场销售渠道，将蔬菜直接配送到口岸，节约了中间营销成本。2021 年，合作新开辟了珲春口岸销售，签订了 1000 万美元的蔬菜供货协议。目前，合作社年出口蔬菜近 2 万吨，销售收入达 1.5 亿元，带动了周边村庄 2000 吨蔬菜出口。二是开拓线上销售渠道。合作社依托京东生鲜、顺丰优选、全国蔬菜质量标准中心产销对接平台等电商销售平台开展蔬菜配送业务，发展线上高端客户群体，实现优质优价。合作社种植的"崔西一品"原味番茄经过挑选、包装后，以 40 元/千克的价格销售，其中线上每日成交近 200 单，日成交量 2.5 吨左右，日销售额达 10 万元。

简评：山东省寿光市众旺果蔬专业合作社创新"村党支部+合作社+基地+农户"的合作方式，推行技术服务、农资供应、生产管理、质量检测、产品包装、品牌销售"六统一"管理模式，发展智能化、数字化农业生产，提高了蔬菜产品的质量和市场竞争力。

第二节 养殖类合作社

一、案例一：江苏省高邮市兴旺禽业产销专业合作社

高邮市兴旺禽业产销合作社成立于 2004 年，现有成员 116 户，其中

115 户农户、1 家企业。该合作社位于江苏省菱塘回族乡，2019 年以来，合作社年销售额已经从开始的 10 多万元增长到现在 2000 多万元，是高邮市农民专业合作社的"排头兵"。该合作社先后获得"国家农民合作社示范社"、"全国百佳标准化农产品品牌"、农业农村部"优秀合作社"等荣誉。

第一，规范办社，提升发展实力。

自合作社成立以来，按照《中华人民共和国农民专业合作社法》规定进行注册登记，制定《合作社章程》，健全组织机构，建立财务管理、社务公开、盈余分配、档案管理等多项制度，坚持"民办、民管、民受益"的基本原则。一是建章立制，维护成员利益。为了保护养殖户利益，合作社与成员签订合同，对成员售卖的鸭蛋和鹅蛋实行价格保护。当市场价低于保护价时，按保护价收购；当市场价高于保护价时，按市场价收购。同时为每个成员设立个人账户，记载成员出资和交易量数量，对合作社年终剩余盈余进行二次分配，其中 70% 按交易量返还，30% 按出资额比例返还。二是"三优"措施，吸引成员加入。合作社成员享受"三优"措施，即优先贷款、优先收购、优先服务。

第二，注重创新，增强发展活力。

在激烈的市场竞争中，只有进行科技创新，不断推进产业转型升级，才能站稳脚跟。一是科技创新，提升产品质量。合作社先后投入 800 多万元购置厂房，新建和添置各种设备，采用标准化鸭蛋加工流水生产线，彻底淘汰了鸭蛋人工拣洗的"落后生产方式"。同时，合作社还积极与江苏家禽研究院、天津科技大学和扬州大学开展产学研联合，开展养殖和加工技术攻坚，先后申请了 6 项专利，全面提升了蛋品加工质量。二是标准创新，培优厚植品牌。合作社坚持标准化生产，积极参与高邮鸭蛋国际标准制定工作，严格按照标准化要求组织生产，在 2018 年被评为江苏省放心消费创建示范单位。三是营销创新，拓宽流通渠道。"好酒也怕巷子深，品牌要靠常吆喝"。除了商超直供、集团采购等营销渠道，合作社还连续多年参与省外各类农产品展销会，广泛推介"红菱牌"系列产品。2017

年至今，合作社的线上销售店铺已遍布"1号店"、高邮特色馆、京东等多个平台，仅端午节前后一个月内就销售鸭蛋150多万只，线上年销售额超500万元。

第三，着眼未来，做好长远规划。

一是促进周边电商迅速发展。合作社投资350万元建设了1600平方米的电商培训大楼，组织社内成员和周边农户开展电商培训，吸引带动新型农业经营主体和农民群众利用现代信息手段开展批发、零售和产销对接，促进农村多种产业主体融合发展。二是推动乡村农旅结合。受高邮鸭博物馆的启发，合作社筹划打造扬州菱塘鹅文化展示馆，进一步展示合作社文化精神，提升旅游体验，提高产品销量。

简评：高邮市兴旺禽业产销专业合作社充分注重规范经营和科技创新，开展统一服务，发展订单农业、品牌化销售。通过社企对接赋能，合作社带动小农户融合发展，做大做强蛋鸭产业，实现了经济效益和社会效益的双重提高。

二、案例二：新疆昌吉市新峰奶牛养殖专业合作社

昌吉市新峰奶牛养殖专业合作社成立于2009年，位于昌吉州昌吉市阿什里乡努尔加村，有农牧户成员385户。合作社养殖场占地555亩，固定资产达1.01亿元。经过近十年发展，合作社从单一的奶牛养殖发展到综合经营奶牛、肉牛、肉羊集中托养、牛羊屠宰分割、肉羊良种繁育、饲草种植、加工及销售、农产品种植、有机肥生产加工、牧家乐等，实现了多产业联动、循环发展，为推动新疆农牧业高质量发展起到了示范引领和辐射带动作用。合作社先后获得州级、自治区级、国家级示范社，县市级、州级"残疾人扶贫就业基地"，州级"民族团结先进单位"和"国家级标准化养殖示范场"等多项荣誉。

第一，托管模式示范带动科学养殖。

自20世纪80年代起，当地哈萨克牧民就有了养奶牛的习惯，但多以散户为主，缺乏科学合理的饲养技术，牛奶产量少、销路不畅。当时，新

峰合作社的创始意识到要摒弃"散养"的养殖观念，于是办起了"托牛所"，即村民把牛放在他这里，他帮村民养，村民还能拿 200 元托管费。2008 年，托牛所入驻了第一批"客户"：70 头奶牛。他鼓足干劲儿，起早贪黑，精心饲养，一个月下来，奶牛个个膘肥体壮，产奶量足足高出 3 千克。同时，他还为首批"入托"的奶农每人发放 200~350 元的入托费。村民开始对"托牛所"有了信心，一些牧民甚至主动送牛"入托"。到 2009 年，新峰合作社的创始动员当地 11 户牧户，先后筹集了 300 多万元，将"托牛所"升级为"新峰奶牛养殖专业合作社"，还专门聘请了饲草营养师，设立实验室。加入合作社的农牧民可以掌握养殖新技术，不用再操心饲养牲畜、防疫和出售，或者干脆直接将牛羊给"托牛所"或"托羊所"，从一家一户散养转变为集中饲养。农牧民有了时间外出务工经商，拓宽收入来源，实现了多元化增收致富，加快了当地畜牧业发展，尤其是奶牛养殖效益显著，成为阿什里乡富民增收的主导产业。昌吉州从 2009 年开始推广合作社模式，目前全州"托牛所"已经达 87 个，有 5.6 万头奶牛"入托"，实行集中饲养。通过严格草质、水质、奶质等检测，2013 年，新峰奶牛养殖合作社成为蒙牛"特仑苏"供奶基地。

第二，促进产业联动，推进复合经营。

新峰奶牛养殖合作社坚持生产、生活、生态"三生同步"、三产融合、农牧旅"三位一体"的发展思路延伸产业链。针对当地牧民散养习惯给乡村环境卫生带来的严重污染，合作社在 2012 年投资了 700 万元建成 600 平方米的沼气站，办起了牛粪加工厂，年生产商品有机肥 5000 吨，使各个养殖场的粪便污水"变废为宝"。合作社邀请专业团队对农牧游产业做了整体规划，力图打造当地生态文化旅游区，使牧业生产、奶产品加工、销售、餐饮、休闲等有机结合，实现产业链延伸、经营范围扩展和农民增收。此外，合作社利用组织优势，采取优先聘用低收入家庭成员、重点技术扶持等措施，帮助低收入家庭增收致富。

经过近十年发展，新峰奶牛养殖专业合作社先后获得了州级、自治区级、国家级示范社、县市级、州级"残疾人扶贫就业基地"，州级"民族团结先进单位"和"国家级标准化养殖示范场"等多项荣誉，为推动新疆农牧业高质量发展起到了示范引领和辐射带动作用。

简评：昌吉市新峰奶牛养殖专业合作社建立标准化生产技术规程，推进复合经营，有效提高了养殖和繁育水平。合作社规范社务管理，向低收入成员家庭倾斜，让成员共享合作社发展效益。合作社充分发挥"生产在家，服务在社"组织优势，紧密联结周边养殖户，形成联农带农机制。

第三节　服务类合作社

一、案例一：吉林省梨树县凤凰山农机农民专业合作社

吉林省梨树县凤凰山农机农民专业合作社成立于 2010 年，地处四平市东部的郭家店镇青堆子村。合作社以种植玉米、高粱为主，当地特色农产品为辅，是一家集种植、加工、销售、特色产品研发推广等于一体的国家级专业合作社。合作社按照现代化农业的要求，积极开展全程机械化规模化种植，统一收购、销售成员的产品，统一采购供应种子、化肥、机械作业等各种田间管理与生产资料，引进新技术、新品种，提供技术、信息、咨询服务等相关业务，带领村民增收致富。合作社现有成员 158 户，拥有大型农机具 70 台（套），固定资产 800 多万元，服务带动周边 5 个村的 1500 多户农民种植粮食作物。2021 年，合作社粮食总产量超过 6500 吨，利润 150 多万元。2022 年，合作社经营土地 15000 亩，其中流转土地 6480 亩、代耕代种 5850 亩、全程托管 2370 亩。合作社 2018 年被评为国家农民合作社示范社，2021 年被评为吉林省百强示范社、吉林省粮食安全宣传教育基地。

第一，健全合作机制，大力推动科学种粮。

合作社本着"入社自由，合作共赢"的原则，在成立之初就制定了

章程，建立健全成员代表大会、理事会、监事会制度，实行独立的会计核算，规范财务管理和分配制度，用科学的管理有效地保障了成员权益。为提高种粮专业化水平，合作社多次派农业技术人员外出学习，全面掌握农田土壤检测分析技术和化肥、农药配比标准化生产技术，打造了一支过硬的技术员队伍。合作社先后邀请中国农业大学、中国科学院、梨树县农业技术推广总站等科研和推广部门在合作社生产基地开展试验示范，率先应用玉米免耕种植、宽窄行、秸秆覆盖等技术，取得显著成效。2018年，当地春夏连旱、秋季多雨，很多地方的玉米长势欠佳，合作社种植的5000亩玉米地由于实施了保护性耕作技术，春季出苗早、苗情好，中期还采用无人机投放赤眼蜂进行防虫，消灭了害虫玉米螟，粮食获得了大丰收。

第二，发展多种模式，促进粮食规模经营。

合作社采取多种生产经营方式，在服务好本社成员的同时，辐射带动周边村屯农户多种粮、种好粮。一是流转土地扩面积。为使土地集中连片、方便大型机械统一作业，合作社以土地流转费高于其他主体1000元/公顷的价格，把长期外出打工或投奔子女农户的承包地流转过来，通过规模化经营提高种粮收益。二是提供服务降成本。针对种粮农民不愿干、不会干或者干不好的生产环节，合作社提供"菜单式"单环节托管服务，通过机械化作业，每亩地减少成本投入50元左右。2022年，合作社为117户的1270亩土地提供粮食种植全程托管服务，比农民自己种植亩均降低成本10%左右（见图7-2）。

第三，规范托管服务，稳定农户种粮收益。

合作社对全托管土地采取"双保全统"模式，即保粮食产量不低于周边平均数、生产资料价格不高于周边平均数，整个生产经营环节由合作社统一管理（统一供种、统一供肥、统一播种、统一植保、统一收获、统一销售）。合作社与农民签订托管服务合同，明确划分双方权责。一是托管年限一般为2~3年，其间土地承包权不变，合作社负责管好、用好、保护好托管耕地。二是在托管期间，由合作社负责选定作物品种、化肥和农药，并提供种、管、收、销全过程服务。三是国家给予农民的一切优惠

图 7-2　合作社春季免耕播种作业

政策归原土地经营权所属农户享有。四是托管双方按照本村同等级地块的上中等种粮纯收入平均值的 90% 确定托管保底收益，高出保底收益的部分，按托管土地面积给予托管农户二次分红，剩余部分归合作社所有。2021 年，合作社托管土地保底收益为 13500 元/公顷，二次分红 800 元/公顷，累计为 45 户托管农户分红 6 万元（见图 7-3）。

图 7-3　合作社大型机械秋季作业

第四，探索种养循环，联农带农助力增收。

合作社依托吉林省"秸秆变肉"工程，带领成员采取种养循环模式开展肉牛养殖，利用种粮产生的秸秆喂牛，再把养殖产生的牛粪制成有机肥还田，实现资源循环利用、节本增效。目前，合作社统一饲养的肉牛达160头。脱贫攻坚期间，合作社先后吸纳12户贫困户入社，投资15万元购买50只羊分给低收入户饲养，没有劳动能力的低收入户可由合作社统一饲养，养殖收益归低收入户所有。通过养殖帮扶，合作社帮助低收入户成员每户增收2000~3000元。

简评：吉林省梨树县凤凰山农机农民专业合作社健全合作经营机制，大力推行科学种粮，创新土地集约方式，实现粮食规模化种植，规范生产托管服务，帮助农民节本增效，使种粮变得轻松容易，既稳定了粮食种植面积，又保障了农民种粮收益。

二、案例二：山东省邹城市粮丰供销农机专业合作社

山东省邹城市粮丰供销农机专业合作社成立于2013年，位于邹城市大束镇，现有合作社成员50户，拥有固定资产2300万元，场院面积3000平方米，标准化库房1500平方米，业务涵盖农业新技术和新机具引进示范推广、机械植保统防统治、农资购销、土地托管、综合农事服务，2020年获评山东省农民合作社示范社。合作社为农户提供"耕、种、防、收、销、管"全链条、"一站式"机械化服务，开展半托管服务10万亩、全托管服务6000亩，带动6000多农户开展粮食规模经营。

第一，内强素质，夯实服务基础。

一是优化治理结构，提升管理效能。随着合作社服务规模日益扩大，合作社不断接纳新成员，成员构成多样，包括农机手、植保无人机飞手、种植能手、农业技术人员、农机专业维修培训人员等。为加强组织管理，合作社建立完善了民主决策、民主管理、民主监督等内部治理制度，设理事长1名、副理事长2名，每年年终召开全体成员大会，由理事长对合作社全年运营情况作总结报告，对当年做出突出贡献的成员进行表彰，向全体成员宣布下年度工作计划。二是完善分配机制，提升发展动能。合作社采取按作业量分配和按股分红相结合的利益分配制度。成员根据作业量获

得劳务收入，将经营收入扣除经营成本和劳务支出后的部分，60%留作合作社发展资金，40%用于全体成员按股分红。合作社积极吸纳年轻人入社，三四十岁的年轻成员比例由最初的20%提高到45%，为合作社发展注入了蓬勃动力。

第二，补强能力，提升服务水平。

一是购置大型农机，提升作业服务能力。近几年，合作社接连采购大型小麦联合收割机、穗茎兼收玉米收割机30台，大马力拖拉机20余台，并为每台拖拉机安装了检测设备，为大规模开展服务提供硬件支撑保障。2022年5月，合作社承担了大束镇农业生产托管小麦机收作业任务15000亩，调配30台新型小麦联合收割机，为21个村庄3542户农户提供小麦统一收割服务，有效降低了粮食收获环节的损失，确保颗粒归仓。2022年9月，合作社参与实施了邹城市玉米秸秆精细还田任务1万亩，通过玉米秸秆精细还田、秸秆腐熟剂喷施、深耕及耙地等作业，提升了当地耕地的地力水平。二是引进飞防器械，推动农业绿色发展。2018年，合作社成立了植保飞防大队，采购无人机10台，边示范边作业，让农户充分了解植保无人机的作业优势。由于无人机飞防植保可减少年均化学农药使用量30%、用水量90%，防治效果较传统机械防治提高20%，作业效率是人工的40倍，合作社推广飞防植保的第一年就完成了3万亩服务作业面积。自2020年以来，合作社连续三年承接了邹城市小麦"一喷三防"统防统治任务，年植保飞防作业60万亩次，为全市农药减量增效做出了积极贡献。三是强化业务培训，培育新粮人。合作社积极开展农业技术培训、无人机技能大赛等活动，吸引更多的青年人才投身农业生产服务。自2018以来，合作社共组织6期无人机植保培训班，免费培训无人机飞手200余人，切实提高了飞手的职业素质和技能。合作社自有30名飞防队员，外聘飞手50名，年创造经济效益420余万元，人均年收入达4.5万余元。

第三，创新服务，实现经营增效。

一是开展全程托管服务。合作社与小农户签订农业生产全程托管服务合同，为农户提供统一农资配送、统一播种施肥、统一病虫害防治、统一机械收割、统一技术指导，推动集中连片种植。2022 年，合作社开展农作物种植全程托管服务面积达 6000 亩。二是提供种植示范服务。合作社把长年外出打工、没有种地能力的农户土地集中起来，流转土地 1500 亩，与种业公司联合打造高产示范田。合作社示范田种植的优质小麦，每千克可多卖 0.4~0.6 元。合作社定期邀请成员、周边种植户、村"两委"干部召开现场观摩会、实收测产会，推广先进技术，拓展合作社业务。三是合作社办公司实现农资集采。2016 年，合作社投资入股邹城市金粮丰农业服务公司，占股 20%，依托该公司与国内外大型农资企业开展农资采购合作，降低生产成本，获得作物全程种植方案与技术指导。2022 年，合作社通过金粮丰农业服务公司，为成员购买农业生产资料 1000 余万元，并为成员免费提供上门拌种（拌种是植物种苗处理的一种方法，指将种子与农药或微肥等在一起拌和，使种子表面均匀沾上一层农药或微肥）等服务，亩均节约成本 70 元。

简评：山东省邹城市粮丰供销农机专业合作社为农户种植粮食提供"耕、种、防、收、销、管"全链条的全程机械化服务，通过优化内部成员结构，健全运营机制，建强机械装备，开展人员培训，带动 6000 多户农户发展粮食规模经营超 10 万亩，为保障国家粮食安全贡献了力量。

第四节　其他合作社

合作社除传统的种植类、养殖类、服务类等经营类型，还有一些将种植、加工、养殖等结合经营，这对延长产业链提供了新的思路，接下来介绍两个合作社产业融合的典型案例，以期开拓读者思路。

一、案例一：浙江省杭州临安金惠粮油专业合作社联合社

浙江省杭州临安金惠粮油专业合作社联合社成立于 2016 年，是一家

集粮食种植、收购、储存、加工、销售于一体的综合性粮油专业合作社。联合社由 18 家农机植保、粮油种植类农民专业合作社组成，成员出资总额 1637 万元，基地面积 1.2 万亩，稻麦复种面积 1.5 万亩，每年开展社会化服务面积 3 万亩以上。2018 年，联合社从天目山镇周云村股份经济联合社集中流转 556 亩土地建立核心示范基地，2021 年建成集烘干、加工、仓储服务于一体的加工中心，开展粮食全产业链社会化服务，实现粮食产业一二三产业深度融合发展。

第一，健全组织制度，实现规范运营。

联合社设立理事会、执行监事，形成理事会办事规程，建立了民主管理、财务管理、成员管理、农业机械使用和管理暂行办法、金融服务办法等一系列管理制度，健全按交易量（额）比例返还、按出资额和公积金份额分红的盈余分配方式，从制度层面体现联合社的互助合作属性。

第二，创新经营模式，实现增收共赢。

联合社采取"产业联合+村集体合作"的模式，在引领共同富裕上进行了积极探索。一方面，以联合社为平台形成粮食产业发展合力，临安区种植面积 50 亩以上的大户有 85% 纳入了联合社服务范畴，大大提高了粮食生产组织化程度；另一方面，联合社与村集体合作，探索基地共建、收益共享的增收新机制。

天目山镇周云村曾是经济薄弱村，联合社 2018 年与周云村股份经济合作社签订合作协议，协议商定联合社以每亩 700 元的价格集中流转村集体土地 556 亩，用于核心示范基地建设。村集体以基地基础设施等折股45%，联合社以农业机械等折股 55%。对核心基地的经营利润，双方按股分成，约定村集体每年按股保底分红不少于 7 万元，不承担经营亏损。区财政对加入联合社的种粮大户，在种粮补贴之外，还根据入社土地面积给予 60 元/亩的额外补贴，真正实现"谁种粮、补贴谁"。核心示范基地建成后，周云村股份经济合作社从联合社累计获得分红收入 21 万元，每年稻麦种植忙季，当地村民还能在联合社务工创收，每年可获得工资收入总计 10 余万元。

第三，增强服务能力，推动节本增效。

为更好地开展粮食生产社会化服务，联合社统一购置了 7 台烘干机、2 台收割机、2 台旋耕机，并统筹成员社现有农业机械，组建成立了联合社农机作业服务队和统防统治服务队，规范签订《统防统治服务协议》和《农机作业服务协议》，明确服务价格，提供农资团购服务。2021 年，联合社服务面积 3.5 万余亩，以低于市场价的价格为成员社团购化肥 300余吨。2022 年，联合社成为"五优联动"试点企业（优粮优产、优粮优购、优粮优储、优粮优加、优粮优销），通过优价收购"浙粳优 1578"优质品种稻米，为联合社种粮大户增收 15.7 万元（见图 7-4）。

图 7-4　合作社在稻田进行机械化作业

联合社还与临安区农业农村局农技推广中心、农资公司等签订合作协议，协同开展农技服务。聘任区农合联、区供销社等专家作为咨询顾问，聘请 6 位高级农艺师组成技术团队，为成员社提供政策解读、农技指导、信息宣传等支撑服务。

第四，设立"两个中心"，实现服务升级。

2021 年 9 月，联合社投入 1700 多万元，在天目山镇周云村建成占地面积 4.67 亩、总建筑面积 3843.77 平方米，集烘干、仓储、加工于一体的粮油加工中心和为农服务中心。粮油加工中心大米生产线日产可达 50

吨，有 4 个 540 吨的稻谷原粮储存仓，2 个可容纳 364 立方米成品大米的低温冷库，配有 3 台原粮烘干机，每日最大烘干量达 36 吨。自中心运营以来，已提供稻麦烘干服务 1570 余吨，代加工大米服务 300 多吨，常态化开展电商直播和展示展销服务，极大地便利了临安中部地区粮食生产经营主体。为农服务中心设有展示展销、电商直播、培训中心等服务功能区，与浙江中农中线电子商务有限公司合作建立了粮油专科医院，为种粮农户提供专业食品检测、线上线下农资采购、病虫害防治、科技培训、技术推广、线上金融等一系列服务。中心运营以来，已接待农户咨询 1150人次。

第五，打响特色品牌，实现多元营销。

联合社大力开展品牌建设推广，打造"天目好味稻"自有大米品牌，积极拓展水磨年糕、米酒等系列衍生产品，提升产品附加值。2021 年，联合社大米被授权使用临安区"天目山宝"农产品区域公用品牌，2022年获得临安区首届"天目好味稻"大米评选金奖，进一步扩大了品牌知名度，逐步形成了完备的生产销售链，联合社线上线下齐发力。线下积极与大型商场、超市、市民中心、街道办事处等洽谈合作，通过供应散装米和包装米，不断开拓销售渠道；线上依托农合联资产经营公司社区团购和临安数农品牌运营平台，实现客户自主下单、结算、配送一条龙服务。2021 年，联合社实现自有品牌大米销售额 120 万元。

简评：浙江省杭州临安金惠粮油专业合作社联合社开展粮食规模化经营，积极探索"产业联合+"新模式，做实粮食全产业链服务，做好粮食一二三产业深度融合发展文章，助力农户和村集体经济增收，推进共同富裕。

二、案例二：西藏自治区尼木县卡如乡加纳日绿色农业发展农牧民专业合作社

西藏自治区尼木县卡如乡加纳日绿色农业发展农牧民专业合作社成立于 2017 年，主要从事大桃等各类蔬果种植销售、藏鸡及牦牛养殖销售。

合作社登记注册成员 20 户，成员出资总额 100 万元，固定资产 3931 万元，辐射带动全乡 246 户 1346 人。2018～2021 年，合作社连续获得"尼木县经济社会发展优秀合作社"荣誉称号，2018 年获中共拉萨市委员会、拉萨市人民政府授予的"2018 年度拉萨市脱贫攻坚组织奖"。

第一，坚持党建引领，探索发展明方向。

卡如乡辖区面积 875.35 平方千米，耕地仅有 891.68 亩，人均耕地保有量不足 0.65 亩。2016 年以前，乡里多数农牧民以种植青稞和放牧为生，生活贫困落后。为改变这一现状，卡如乡党委、政府积极发挥党建引领作用，于 2017 年 3 月指导成立了卡如乡加纳日绿色农业发展农牧民专业合作社，引领带动当地农牧民探索新的经济发展模式。

合作社成立后，大力推进产业结构调整，确定了藏鸡、牦牛、大桃、菌菇四大产业发展方向，促进特色种养业提质升级，助力农牧民持续增收。合作社规范内部管理，设立理事会、监事会，民主选举产生理事会成员 5 人、监事会成员 3 人，理事长由卡如村三组村民斯达班觉担任。同时，合作社健全内部规章，制定了章程、财务公开、会计档案、资产管理、劳务管理等方面的多项制度，明确了理事会、理事长、监事会和监事长的工作职责，优先吸纳成员入社务工，鼓励成员通过自身劳动获得更多收益。

第二，增强发展能力，示范带动提效益。

合作社发展藏鸡规模化养殖、牦牛短期育肥，引进大桃种植项目，实现经营性收入 700 多万元，发放劳务工资 300 多万元，方便当地群众就近就业，务工增收，共带动 62 户农牧户增收 80 多万元。

一是优化藏鸡养殖基地管理模式。合作社藏鸡养殖基地现存栏藏鸡 4.7 万羽，日产蛋 4600 多枚，注册了"藏凤元"商标，通过销售藏鸡蛋、藏鸡和有机肥，2022 年实现销售收入 175.74 万元，共带动 20 户 122 人增收 55.9 万元，户均增收近 2.8 万元。为优化管理模式，合作社制定了《场区管理十五条》，确立了标准养殖流程、均值绩效评价、组合分包、周评比月总结和生产日志等经营管理制度，加强关键环节管控，进一步激发了轮岗成员的工作积极性，增强了合作社发展内生动力。二是新建大桃种植基地，转变经济结构。合作社在北京市的对口支援下，从 2017 年开始引进北京平谷大桃，一改以往单一种植青稞的传统农业结构。合作社建成 60 余亩大桃种植基地，经过 3 年的精心管理，于 2020 年实现大桃全面挂果，2021 年实现销售盈利。2022 年，大桃基地产量超 8 吨，销售收入28.9 万元，吸纳 25 户 48 人，投工投劳 875 人次，发放务工工资 10 万余元。为充分利用土地，合作社还在林下种植了南瓜、白萝卜、茼蒿、菠菜、香菜等蔬菜，提高了土地产出。三是激发牦牛养殖基地发展潜力。合作社采取"散养+补饲"的方式，扩大牦牛养殖规模，缓解草场压力，提高养殖效率。合作社牦牛养殖基地于 2019 年 6 月投入运营，存栏牦牛276 头。截至 2022 年 9 月，合作社共售出牦牛 40 头，收入 11.2 万元；获得牦牛意外死亡保险赔付 31 头，共计 12.5 万元；吸纳合作社 4 名成员在养殖场务工，月薪 4000 元/人。

第三，发展乡村旅游，推动乡村全面振兴。

卡如乡地处拉萨至日喀则 318 国道旅游线中段，地形为沿雅鲁藏布江的狭长谷地，乡域内自然资源丰富，有千年核桃树、百年桃树林、自然温泉和国家森林公园，具备产业融合发展的区位优势和游客资源。合作社与尼木和美公司联合，采取"合作社+龙头公司+农户成员"的模式，共同打造"核乡寻忆"景区及温泉休闲驿站。合作社为项目实施做好土地流转保障服务，优先推荐成员在温泉及景区从事保洁、服务员、保安等工作，派驻 2 名成员任职公司管理层，参与公司运营监督。尼木和美公司负责景区的开发、运营和管理，在带动合作社成员务工增收的同时，每年为合作社分红，实现收益共享。

自 2018 年运营以来，景区累计接待游客近 11 万人次，创收 718 万余元，向合作社分红 103.4 万元，累计带动当地 55 名群众就近就业。2018~2020 年，合作社共吸纳当地 20 户农户的农房，作为"老阿妈青稞酒坊""康布美朵休闲庭院"参与景区合作运营，每户房租收入 2.4 万元/年。2018 年 10 月，卡如乡卡如村被农业农村部授予"全国美丽休闲乡村"称号，2019 年入选文化和旅游部发布的第一批全国乡村旅游重点名录。

简评：西藏自治区尼木县卡如乡加纳日绿色农业发展农牧民专业合作社发挥党建引领作用，团结带领群众探索合作经营模式，依托当地资源优势发展藏鸡、牦牛养殖，引进果蔬种植丰富产业结构，采用"合作社+龙头公司+农户成员"的形式发展乡村旅游，走出了一条产业兴旺的农牧区发展之路。

第八章　合作社的国外经验

　　当今世界，无论是发达国家，还是发展中国家，凡是受市场经济支配的农业，都存在农民合作经济组织。国际上的农业合作组织大致可以归类为三种模式：第一种模式是日韩模式。这是一种半官半民模式，综合性强，为入社成员提供生老病死、丧葬嫁娶、福利互济等各方面服务；第二种模式是美国模式。这种模式以营销为主，强调跨区域的专业合作与联合，类型多样，规模庞大，采用公司制组织结构及决策方式，美国、加拿大均属于这种合作社模式。第三种模式是欧洲模式。这种模式的专业性强，有完善的法律规范，是高度专业化的合作社，以法国、德国、丹麦、荷兰等为代表。研究上述发达国家农民合作社的发展实践，借鉴它们的成功经验，对发展和完善具有中国特色的农民合作组织有着十分重要的意义。基于此，本章分别介绍这三种主要合作经济模式的发展历程、发展趋势和成功经验，以美国、日本等具有典型意义的国家作为研究对象，为我国农民合作社的良好发展提供经验借鉴与有益启示。

第一节　日本经验

一、日本农协的发展现状

日本是一个高度工业化和城市化的国家，农业生产技术高度发达，主要农产品自给率较高，这得益于政府的支持以及农业合作社的协助。日本的农民合作组织称为"农业协同组合"，以下简称日本农协（JA），是依据日本 1947 年颁布实施的《农业协同组合法》而建立起来的农民合作组织。日本农协的兴起可以追溯到明治维新时期，这一时期法律的变革为合作社的建立提供了法律基础。随后，政府积极支持合作社的发展，鼓励农民组织起来，共同面对农业经营中的问题。日本农协的历史脉络承载着明治维新后农村社会的巨变，从最初的"同业组合"到今日的现代农协，见证了农业社会经济组织的不断演变。日本农协的发展历程如表 8-1 所示。

表 8-1　日本农协的发展历程

时间	内容	描述
明治维新时期 （19 世纪末）	法律制定	在明治维新时期，日本政府制定了合作社相关法律，为合作社的成立和运作提供法律基础
	合作社成立	在法律的推动下，农民纷纷组成合作社，开始通过集体形式合作，共同应对生产和销售的挑战
大正时期 （1912~1926 年）	合作社蓬勃发展	大正时期是日本合作社发展的黄金时期。农民通过合作社加强了在市场上的议价能力，提高了生产效益
昭和时期 （1926~1989 年）	合作社制度完善	在昭和时期，合作社制度不断完善。政府为合作社提供了更多的支持，包括法规和政策上的鼓励，促进了合作社的发展
平成时期 （1989~2019 年）	现代化发展	随着科技的发展，合作社逐渐实现了现代化管理。引入信息技术，提高了合作社的运营效率和市场竞争力
令和时期 （2019 年至今）	社会化服务	合作社不仅关注生产经营，还注重为农民提供社会化服务，如健康保险、教育培训等，全方位关爱农民的生活

日本农协由合作社组成，旨在维护和加强农业管理，本着互助的精神，让农民的生计得到保障，既具有特殊的企业性质，又具有很强的农村社区性质。日本农协在农村社区中发挥着重要作用，是农村经济和社会可

持续发展的关键力量，帮助日本实现了农业现代化。例如，全国农业协同组合联合会（全农）负责农业协同组合商品销售与供应业务，致力于充当生产者与消费者对接的"中间人"。

日本农协的发展模式主要包括政府主导型、农户自主型、联合带动型以及其他类型的组织，如综合农协、农林水产组合和农村金融组合。日本的农协组织结构以多层次体系为特点，分为基层和中央两级，各自承担不同的职责，相互协作。如图 8-1 所示，这种多层次的组织结构有助于农协更好地协调和提供服务，同时确保农民在各层次上都有代表和支持。农协的运营是在遵循《农业协同组织法》中的合作社原则的基础上，通过社员大会、理事会、监事会以及经营管理委员会来管理和沟通，以处理日常事务和管理活动。

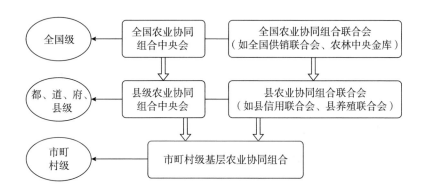

图 8-1　日本农协的组织结构示意图

资料来源：行业分析日本农协经验和中国农业组织展望，https：//www.sohu.com/a/322090354_100093485。

日本农协联合散而小的农户，抱团取暖，发展农业，保障国民的生活需求，通常涵盖了多个不同的事业领域，为农民在生产、销售、信贷、保险、教育、医疗、农村公共设施和农业生产技术指导等方面提供全方位的服务和保障。日本农协的主要服务领域如表 8-2 所示。

表8-2 日本农协的主要服务领域

服务类型	具体职能
生产指导服务	包括制订经营计划、解决生产问题、提高技术水平等，帮助农民有序组织生产
农产品销售服务	建立集中销售体系，通过加工、包装、冷藏等环节，提高农产品附加值，确保产品有序流通，获得更好的价格
生产、生活资料集中采购服务	通过集中采购，为农民提供生产和生活所需的各种资料，降低成本，提高经济效益
信用合作服务	通过建立信用体系，为农民提供低息贷款，解决资金问题
保险服务	发展全面的保险业务，包括长期保险和短期保险，通过风险基金制度帮助农民度过生产和生活中的困难
权益保障服务	积极参与政府农业政策的制定，通过政治途径维护和促进农民的合法权益
厚生服务	设立保健、医疗、老年人福祉业务，包括医院、诊疗所、体检中心、养护老人中心等，以确保成员的健康和福祉
利用服务	集体购买和建设个体农民难以负担的公共设备和设施，以供农协成员共同使用
其他服务	包括加工服务、旅游服务、为会员代理农地的出售服务、土地平整、住宅建设和租赁管理等多种服务

二、日本农协的发展趋势

(一) 农业技术的智能化

随着物联网、人工智能等技术的发展，农业领域的技术智能化已成为可能。例如，通过使用无人机进行精准喷洒农药，可以大幅提高农业作业的效率和精度。此外，人工智能还可以用于分析农田环境和作物生长情况，帮助农民做出更科学的决策。

(二) 集中向大型化发展

日本农协组织的规模不断扩大，逐渐向大型化的方向发展。为了增强基层农协的竞争力，降低成本和费用，基层农协的数量不断减少，规模不断扩大，已经开始在全国范围内推广大型农场模式。农协组织不断集中向大型化发展，极大增强了农协组织的经济实力。

（三）农协向非农化方向转变

日本农协中非农民身份的"准成员"人数在不断增加，数量超过农民身份的"正成员"，从而使农协这个原本的农民组织向一般社区居民组织方向发展。由于"准会员"的大量增加，使农协中关心农事的人数趋于减少，可能导致农协的经营方式和经营目标忽视农业，真正的农民成员利益可能受到影响。

（四）官方性质和政治色彩增强

日本农协是在政府的组织、指导和扶持下建立起来的，一开始就具有官方性质和政治色彩。随着日本国内政治经济形势的发展，农协与政府的关系越来越密切，农协的政治倾向越来越鲜明。一方面，政府对农协的经营服务设施给予大量投资；另一方面，农协作为政府在农村强有力的政治支柱，在许多方面对政府积极支持和协助，农协越来越变成一种政治团体。

三、日本农协的成功经验

（一）强力的政府支持与法律保障

日本农协从小到大，从弱到强，成为亚洲乃至世界最为成功的农民经济合作组织，与国家对农协的法律保障、政府对农业的大力支持是密不可分的。通过制定相关法律，如《农业协同组合法》等，为农协确立了明确的合法地位。政府不仅提供了法律保障，还通过财政、税收等多方面的支持，为农协的健康发展创造了有利条件。政府与农协的合作关系让农户在面对市场和政府时有了更大的发言权，形成了相互支持、相互促进的局面。

（二）农民教育和农业科技的高度重视

日本农协不仅组织农民，更注重推动农业的发展。农协通过开展农民教育运动，努力改变农民的传统观念，使他们更好地适应市场经济的要求。与此同时，农协在培养农业科技人才方面取得了显著成就。建立的完整教育体系，包括农协中央学院和各地方的农协大学，为农协提供了丰富的人才支持，这使农协能够更好地应对农业科技的发展和市场需求的变化。

（三）注重与农民的紧密联系

在近百年的实践中，日本农协已发展成集经济职能与社会职能于一体的团队，其功能多样而全面，涵盖了农业生产、农产品购销流通等各个领域，其作用无可替代。日本农协的服务范围不断扩展，注重与农民的紧密联系，为农民提供"从摇篮到坟墓"的一切帮助。日本农业的产前、产中、产后以及农民的各项服务都由农协承担，从田头到餐桌的各类环节都由农协统一指导协调，日本农协已经成为一个全国性的农村集体经济组织，通过其遍及全国各个角落的机构和广泛的业务活动，在农业发展的各个环节发挥着服务性、技术性和综合性的作用。

第二节　美国经验

一、美国合作社的发展现状

美国被誉为"农业世界冠军"，合作社在美国农业中扮演着至关重要的角色。在美国，农产品的80%由合作社加工，70%的农产品出口来自合作社，农民使用的化肥和农药中有44%是由合作社提供的。此外，农民获得的贷款中也有40%来自合作社。美国的农业合作社体系已经非常稳定，80%以上农户加入合作社，销售全美30%的农产品。

美国的农业合作社诞生于19世纪初，迄今已经有180年左右的发展历史。早期主要为奶业合作社，随着西进运动的完成，对美国西部大片肥沃土地的开垦，创造了大量的农产品剩余，作为农业合作社主体的营销型合作社开始兴起。到19世纪末20世纪初，尤其是1890～1920年是美国农业合作社的繁荣期。截至20世纪20年代，共出现了大约1.4万家农业合作社，美国当前的绝大部分农业合作社都是在这一时期成立的。如表8-3所示，美国农业合作社的发展历程大致可分为以下五个阶段。

表 8-3 美国合作社的发展历程

时间	阶段	内容
1810~1870 年	初创试验阶段	在康涅狄格州高琛成立的乳品合作社和新泽西州南特瑞敦成立的奶酪合作社是美国最早成立的农业合作社
1870~1890 年	迅速扩大阶段	格兰其和农场主联盟具有全国规模
1890~1920 年	全国网络阶段	全国农场主协会和"美国公平社"也是两个具有全国规模的农业合作社组织
1820~1933 年	有秩序的农产品销售阶段	1922 年联邦政府通过法律授予合作社不受反托拉斯法制约的权利，1920 年成立全国性组织"美国农场局联盟"
1933 年至今	持续发展阶段	为适应现代社会的发展而不断调整

由于美国农业是以家庭农场作为基本的生产经营单位，农业合作社的显著特点就是由家庭农场组成的，因此也称为农场主合作社。就其规模来讲，美国的合作社是世界上规模最大的合作组织。根据美国农业部的定义，美国的农业合作社是由拥有共同所有权的人们在非营利的基础上，为提供他们自己所需要的服务而自愿联合起来的组织。合作社的经营目标不是单纯地追求利润最大化，而是通过为其成员提供服务，使参加者从合作经营中获取收益。目的是通过改善农产品市场，降低农场供应品和有关服务的成本来提高农场主收入。按照合作社的主要经营业务划分，美国的合作社主要包括供销合作社、信贷合作社和服务合作社，其提供的具体服务内容如表 8-4 所示。

表 8-4 美国合作社的类型、功能与作用

合作社类型		功能与作用
供销合作社	供应合作社	农用物资的供应，包括生产、运输、销售、技术指导和维修保修等
	销售合作社	从农产品的收购、运输、储藏、检验、分级、加工、包装，以及最终制成品的销售，实行一揽子经营
生产、生活资料集中采购服务	生产性服务合作社	提供生产性服务，尤其在育种、防治病虫害、施肥以及机械使用方面
	生活性服务合作社	提供生活性服务，如农村电力合作社和农村电话合作社
	科学技术服务合作社	如合作社性质的牛奶测试站和牧草测试站等

续表

合作社类型	功能与作用
信贷合作社	实质上是农业部门的信贷协会，帮助农场主解决各类融资、信贷等金融问题，是美国农业合作信贷体系的骨干机构，并受到美国政府的扶持

二、美国合作社的发展趋势

（一）数量减少，结构逐渐优化

美国农业合作社总量逐年下降，但总营业额持续增长。根据美国农业部《农业合作统计摘要（2021）》统计，2021 年美国共有合作社 1699 家，低于 2020 年的 1744 家，合作社数量减少的主要原因是合作社之间的合并与解散。其中，有 337 家合作社已有 100 年及以上的历史。除总部外，这 1699 家合作社拥有 7832 个其他地点，包括独立的分支机构、种植基地、仓储、服务中心和其他地点，分布于 49 个州，税前净收入连续第四年增长，并达到创纪录的 93 亿美元。其中，与 2020 年相比，消费合作社的市场销售增长 18.4%，达 1495 亿美元；供应销售额从 671 亿美元增长到 749 亿美元，增长 16%；顾客数量下降了 11.5%，而营业外收入增长了 26.7%。具体变化趋势如图 8-2 所示，美国农业合作社在数量和社员规模上有所下降，但总体营业额却在上升，表明合作社的结构在优化，竞争力在提升。

（二）经营机制逐步完善，组织体系不断开放

为了更好地适应市场环境，美国合作社通过变革自身组织和经营制度的方式以提升自身竞争力，如组建股份制合作社、向社会发行股票进行融资等。在市场竞争背景下，农业合作社之间不断发生重组与并购，有效提升合作效率。同时，美国农业合作社的组织体系不断开放，国际性合作趋势明显，在经济全球化的背景下，合作社通过建设产品链和控制整合利润实现机制，为农场主会员提供物资供应和服务。为进行国际化的经营与扩张，美国的农业合作社也吸纳一些国际会员。

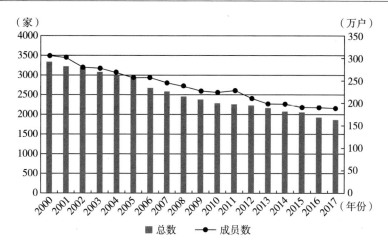

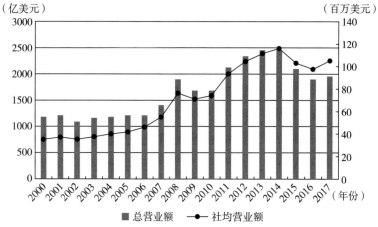

图 8-2 2000~2017 年美国农业合作社数量、成员数量与营业额的变化情况

资料来源：吴彬．美国农业合作社发展的一个显著特点［J］．中国农民合作社，2019（04）：66-67.

（三）进一步加强横向联合和纵向一体化联合

横向联合是指生产和经营相同或相似农产品的合作社之间的联合，通过扩大规模降低交易费用。美国销售额在 10 亿美元以上的合作社仅有 31 家，占合作社总数的比例仅为 1.4%，但是这 31 家合作社的营业额却达 1229 亿美元，平均每家合作社营业额约为 40 亿美元。而纵向一体化联合是指处于不同产业链上下游环节经营主体与合作社进行联合，从而实现增强控制力和影响力，如农业加工企业和营销企业的纵向联合等。随着传统农业向现代农业的转变，开展纵向一体化联合成为合作社的新型发展战略，美国合作社开展了相对频繁的垂直整合活动。

三、美国合作社的成功经验

（一）以高度市场化的家庭农场为产业体系构建基础

美国早在 1826 年就制定了农业发展的《宅地法》，这部法律奠定了美国家庭农场发展的制度基础。2016 年，美国拥有约 220 万个农场，其中属于公司性质的农场只有不到 10 万个，合作农场不足 2 万个，其他全部属于家庭农场。2010 年美国收入超过 100 万美元的农场中有 88% 属于家庭农场，其产值达到全国家庭农场总产值的 79%。近年来，公司化农场的数量有所增加，这些农场无论是占有的耕地面积还是产品销售额都占据了全国家庭农场较大的比重。由于美国农业是高度商业化的农业，经营主体容易受市场供求关系的影响。2013 年美国的粮食生产能力超过 4.3 亿吨，但由于生产过剩，政府不得不实行限产措施，但其粮食生产能力仍然保持在 4 亿吨以上的规模，这在很大程度上与家庭农场的基础地位密不可分。

（二）实行高度规模化和专业化的农业生产经营方式

从当前农场规模来看，美国农场的平均用地经营面积约为 418 英亩，大型家庭农场的平均规模高达 2200 英亩。从农业产值来看，25 万美元以下的小型家庭农场数量占农场总数的比重为 89.7%，其农业产值仅占农业总产值的 25.5%；25 万~50 万美元的中型家庭农场数量占比为 5.7%，其农业产值占比为 21.7%；50 万美元以上的大型家庭农场数量占比为 2.0%，但其农业产值却占农业总产值的 35.0%，意味着这 2.0% 的农场贡献了美国 1/3 农业总产值。就全球范围而言，发展规模经营以及多元化经营主体成为农业现代化的必然要求。正是这样高度规模化和专业化的农业生产经营模式，使美国农业长期在世界上保持在高产出、高效率和高竞争力的发展水平上。

（三）构建高度发达、有序的农村市场体系

美国农村市场体系十分发达，资金、技术和土地等农业要素市场齐全、规范有序。美国建立了包括农产品集散中心、共同出售市场、农产品期货市场、批发市场和集体零售市场等不同功能类型的市场体系，有效加快了农业产业化的市场化进程和现代化进程。相较于其他类型的市场，农产品批发市场的建设一直被美国政府所重视，这是由于批发市场具有明显的规模效应和集聚效应，可有效促进农产品的流通。因此，美国一直将批发市场设施的大型化和现代化作为现代农业产业体系的重要基础。为适应消费端的升级要求，有效提升农产品供给质量和流通效率，美国在市场设施自动化、大型化和现代化上积极提供资金支持。美国通过加强信息服务和政策引导，鼓励各种农业生产者组织建立符合市场需要的支柱产品和特色产品，增强满足消费端的供应能力和供应质量，实现了依靠市场和政府传导农业种植结构调整的效果，这为中国当前正在开展的供给侧结构性改革提供了有益的借鉴。

（四）制定高效、多样化的农业产业保护政策

由于农业本身的弱质性（尤其是大宗农产品），要想实现高质量发展离不开产业结构调整、资金投入优化和科技力量支撑，更离不开国家的政策扶持和产业保护。为保证农业政策的不断更新和完善，美国国会按照每5年左右制定一次农业法案的节奏，及时调整和完善本国对农业生产的补贴政策和产业保护政策。美国制定的农业政策不仅有效地满足了农业作为国家基础产业的内在要求，也客观上提升了其产品的国际市场竞争力。以玉米、小麦和棉花这些大宗农产品为例，如果严格按照生产成本核算体系来计算，美国农场基本上都处于亏损状态。之所以美国农场主还能在大量亏损的情况下进行生产，主要原因是美国一直实行"工业反哺农业"的政策，实施农产品支持价格补贴、农业投入品差价补贴、购销差价补贴、休耕补贴、农产品储备补贴和农产品出口补贴等多种补贴方式。

第三节　欧洲经验

　　欧洲作为世界农业合作社的发源地，从 16 世纪开始，资本主义经济在欧洲萌芽并逐渐发展活跃，尤其以英国、德国、荷兰、法国、瑞典、意大利和丹麦等这些国家为典型。自 19 世纪以来，随着资本主义工商业在欧洲的高速发展，农业的发展面临对市场依赖度越来越高的局面，在此背景下，农业合作社在德国、法国、丹麦等国家应运而生，合作社成为这些发达资本主义国家农村经济不可或缺的重要经济力量。

　　经过不到 200 年的发展，法国约有 90% 以上的农民参加了合作社，各类专业的农业合作社高达 1.3 万家，农业合作企业近 4000 家；瑞典的某些农业行业的合作社市场占有率高达 90% 以上，如奶业高达 99%；意大利参与各类农业合作社的社员高达近 900 万人；德国 70% 以上农业生产者加入合作社，销售 70% 谷物和牛肉；荷兰合作社销售 90% 的牛奶；丹麦合作社销售 90% 的猪肉和牛奶。农业合作社的生产组织方式被很多发达国家在进行农业现代化建设的过程中所采用，合作社的高度发达是欧洲各国农业经济实现现代化的关键原因之一，值得我国学习和参考。本节以法国、德国和丹麦农业合作社为代表，介绍欧洲发达国家合作社发展的现状和成功经验。

一、法国农业合作社

（一）法国合作社的发展现状

　　法国是合作思想的发源地之一，合作思想理论十分丰富。19 世纪 80 年代，法国农场主开始以各种形式组织起来，以保护自己的经济利益，并于 1888 年成立了第一个农业合作社——夏埃奶业合作社。20 世纪 80 年代以后，法国合作社的规模逐步扩大，数量减少，经营内容从共同购买生产资料、销售农产品，获得技术、信息等方面的服务扩展到加工、贮藏和销售领域。

法国合作社分工较细、种类繁多。2022年，法国各类农业合作社约有2200家，合作社的服务涵盖了农、林、牧、渔、工、商、建、运、金融、保险等各种产业和领域，包括为成员购买农用生产资料的农业生产资料供应合作社；为农业生产提供试验分析、储存、农业生产咨询、预防病虫害等服务的农民合作社：提供农产品加工、包装、仓储、运输、销售等流通领域服务的农民合作社等。因而，农户通常需要同时加入多家合作社。

法国作为世界第一大食品加工出口农业强国，合作社在法国农业和食品业领域占据举足轻重的地位。合作社收购了全国60%的农产品，占据了食品加工业产值的40%。在全国40家最大的乳品企业中，有25家是合作社。在葡萄酒行业中，全国有86家葡萄酒酿制合作社，其葡萄酒产量占全国产量的52%。法国北部地区的糖业合作社拥有6000多名会员，年产糖40多万吨，占全国产量的10%。

（二）法国合作社的发展趋势

1. 合作社数量减少、规模逐步扩大

从发展历程来看，法国合作社经历了先发展、后规范、逐步做大做强的过程，呈现数量减少、规模扩大的趋势。从数量来看，法国农业合作社的数量从1965年的7500家左右减少到2018年的2400家。从规模来看，单个合作社的规模不断发展壮大，法国农业合作社收购了全国91%的生猪、70%的谷物、55%的牛奶和51%的葡萄酒。

2. 依托数字技术，发展现代农业

作为欧洲第一大农业生产国，法国近年来积极支持数字农业发展。法国农业和食品部公布了"农业和数字化"路线图。农业和食品部部长德诺曼迪表示，数字技术将是法国2022~2027年农业和农村发展规划的重点。政府将为农场工人提供数字服务培训、为农业高中免费提供数字工具，增强农场创新能力和竞争力，推动数字农业发展。

3. 借助人工智能，建立信息平台

大力发展无人机、智能机器人等人工智能技术，鼓励农业初创企业和科技创新公司带来的产品，如土壤成分分析软件、病虫害监测预警系统等

（见图8-3和图8-4）。通过卫星图像和无人机等技术建立信息平台，农民可以使用该平台更好地预测和应对作物疾病、营养不良等情况，也可以根据土壤等情况选择更适合的农作物。政府将继续完善安全且可追溯的农业数据交流平台，到2024年实现牲畜追溯系统的现代化更新。

图8-3　法国农业展区内展出的最新农用机器

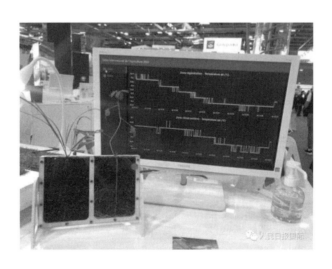

图8-4　法国农业研究院展出的土壤监测系统

（三）法国合作社的发展经验

1. 服务功能全面、覆盖面广

合作社向社员提供产前、产中及产后的全程服务。例如，在农业服务方面，根据农业经营的特点，对不同类型的合作社提供专业性服务；在农产品加工方面，细化为多个部门进行农产品的储存、加工和转化；在流通领域，组建了覆盖产前、产后的流通领域合作社；在农业金融、保险业务方面，组建家庭信贷合作社、农场主信贷合作社，以及兼有两者特点的信贷合作社。

2. 专业化合作，产业化经营

在合作社内部，坚持合作社的基本原则，即持自由加入、非资本获利、民主管理以及排他原则，不以盈利为目的。在合作社外部，实行公司化经营管理，以适应市场竞争，获取利润最大化。积极采取合作、重组等方式进行联合，通过联合和合并来扩大合作社竞争力。

3. 合作社法律体系健全

一方面，进行法制化管理，有专门立法来明确规定合作社的建立条件、合作社的性质、权利和义务等，不断完善修订合作社的相关法律；另一方面，建立合作社登记制度，明确合作社成立的规范性要求。

4. 政府对合作社的重视与扶持

在法律支持方面，由农业部负责制定合作社的相关法规，其他部门参与；在税收政策支持方面，法国政府实行减免农业合作社的部分税收；在信贷政策支持方面，法国法律规定农业合作社可以设立发展基金，发放基金券；在补贴政策支持方面，合作社依据不同的类型，在成立或购买农具时，政府也会给予不同程度的补贴。

二、德国农业合作社

（一）德国合作社的发展现状

德国是农民合作经济组织的重要发源地之一。1864 年莱弗艾森创立了德国第一家合作社——黑德斯道夫信贷合作社，1867 年德国第一部合作社法颁布。经过 150 多年的发展，德国农民合作社种类日趋多样、体系日益完善，具有层级组织体系化、完备化、产业类型多样化、专业化等诸多特点。遍布全国的农民合作社为广大社员提供全面的服务，提高了农民家庭经营的组织化程度，降低了农产品交易活动的频次和损失，改变了农民在市场中的弱势地位，促进了德国农业生产全面机械化、适度规模化和高度现代化，已成为维护农民经济利益、提高农民收入、推动农业经济全面发展的重要组织载体，在全球农业合作经济组织发展中扮演着重要的角色。

如今，德国的农业合作社遍布德国农村地区，为农民提供农产品生产、加工、销售以及信贷、农资供应、咨询等服务。德国农民合作社自下而上分为三级组织结构：基层合作社、区域性合作社联社和全国性合作社总社。在德国，几乎每户农户都是一家或几家农业合作社的社员。与日韩综合性较强的农业合作社相比，德国的合作社大多是根据某一产品、某一功能特点或某一任务需求成立的专业合作社为主，如奶制品合作社、畜产品合作社、葡萄酒酿造合作社、蔬果园艺合作社、信贷合作社、销售合作社等。德国农业合作社已经渗透到农业的方方面面，不仅提高了农业生产和销售的组织化、产业化程度，而且在促进农村地区发展、提高农民收入、缩小城乡差别等方面发挥了重要作用。

（二）德国合作社的发展趋势

1. 农业的全面机械化

德国农业生产有着极高的自动化水平、领先世界的农业生产技术设备，更有一批受过专业农业教育的高素质人才，为农业发展提供坚实保障。德国农业是在工业 4.0 驱动下的农业机械化、自动化模式，德国强大的工业体系带动了强大的农业机械化，农业机械化的"黑科技"应用到了每处细节，如采用全自动化的种植、施肥、除草、收割、打捆等机械技术，作业机械实现了工业 4.0 时代的超级自动化（见图 8-5）。

图 8-5   2023 年德国汉诺威农业机械展

2. 数字化的云端支持

德国农民的工作离不开电脑和网络的支持，农民每天的第一项工作就是查看当天的天气信息、查询粮食市场价格、查收电子邮件、了解各种信息。目前，德国正在推出全套的数字农业解决方案，在每个农民的电脑上实时显示各种生产信息，如某块土地上目前种植的是哪种植物、农作物接受的光照强度如何、土壤中的水分和肥料分布情况如何等，农民可以根据相关数据来优化生产种植。通过大数据和云计算的应用，每一块田地的天气、土壤、降水、温度、地理位置等数据，全部上传到云端进行处理，将处理后的数据发送到智能化的大型农业机械上，就可以指挥农机进行精细化作业。

3. 普遍的企业化经营

随着社会经济的发展和市场竞争的加剧，德国农业合作社迫于市场竞争压力，逐渐向营利企业转化，合作社越来越呈现规模化组织、专业化经营、企业化运作的趋势，按企业制度经营业务。不少合作社通过收购、兼并等方式进一步实现规模化整合，甚至出现跨区域、跨国家的联合兼并。许多合作社还聘请了职业经理人，农业合作社的企业化经营趋势越加明显。

4. 全面的合作社服务

服务全面化是德国农业合作社的主要特征之一。德国农业合作社从早期的信贷合作社，扩展至能够为农民提供农业生产和日常生活服务的多种类型合作社，合作社提供的服务包括机械采购使用、农资出售、农产品收割储藏、加工、运输、销售、技术培训、信息咨询、资金支持等，几乎可以涵盖农民生产和生活的方方面面。

（三）德国合作社的成功经验

1. 完善的法律法规体系

德国是一个法规法律严谨的国家。早在1867年，德国就制定出世界上第一部有关合作社的法律《关于经营和经济合作社私法地位法》，此后经历数次修订、变化和调整，但该法的基本框架结构没有变动，农业合作社始终受到法律的规范和保护，完善的法律法规体系为德国农业合作社的健康发展保驾护航。

2. 健全的农村金融合作

德国合作社的起源之一就是信贷合作社，在合作社的发展进程中，合作金融发挥了至关重要的作用。目前，德国的合作金融组织已经遍布城乡，政府每年也会划拨出固定的财政资金支持合作社的活动，为其提供贴息贷款、减免税额等金融政策。

3. 完全的自愿互助原则

德国成立合作社完全是按自愿和互助原则成立的。合作社对内以服务为主，社员以资产入股，合作社的经营业绩直接关系到每个社员的切身利益；对外以盈利为目的，作为市场经营主体，合作社有效地维护其成员的利益，德国农民自发组织或加入合作社的积极性较高。

4. 严格的法定审计制度

严格的法定审计制度是德国合作社的特色。1889年德国《合作社法》便规定，每家合作社必须聘用外部审计员审查合作社账务。区别于大多数国家对合作社相对宽松的规制和监管，德国在合作社法中明确规定了对合作社的法定审计，把合作社加入审计协会、接受审计变为一种强制制度，要求审计协会至少每两个营业年度要对合作社的机构、财产情况、业务执行情况以及成员名册的管理等进行一次审查。实践证明，严格的法定审计制度有利于对合作社内部管理进行有效监督和制约，使合作社的运行不断趋于规范。

三、丹麦农业合作社

（一）丹麦合作社的发展现状

丹麦作为典型北欧小国，虽然耕地面积小，农业资源有限，却在世界重要的农产品出口国中位居前列，这与其发达的合作社经济密不可分。丹麦的农业合作社有着悠久的历史，其起源是从养猪和乳制品行业开始的。1882 年，丹麦农民自发组建了首个牛奶合作社。随后，各地由最初的家庭合作逐步合并、发展成为全国行业性质的合作社。从 19 世纪中叶起，丹麦合作社运动蓬勃发展，目前已遍布农业、消费、信贷、手工业生产、住房、保险、银行等多个领域，丹麦因此被称为"合作社的摇篮"。

丹麦的农业合作社主要有三种类型：一是营销类合作社，如乳品、火腿、屠宰、水果、毛皮等；二是供应类合作社，如饲料、化肥、种子、水、消费品等；三是其他类型的合作社。丹麦合作社的主要农产品市场份额占比依次是猪牛肉、乳制品和谷物，部分大型农业合作社已经成为全国性质的大规模企业，并跻身于全球安全优质食品的出口商之列。2011 年，丹麦合作社的销售总额占整个国家 GDP 的近 10%，以合作社为主要载体的农产品和食品出口占全国出口总额的 20%，合作社已经成为贯彻国家农业安全、食品安全政策的核心实施者。

（二）丹麦合作社的发展趋势

1. 先发展，后规范，逐步做大做强

从发展历程来看，丹麦合作社经历了先发展，后规范，逐步做大做强的过程，呈现数量减少、规模扩大的趋势。丹麦奶业、生猪和谷物类合作社数量从 1939 年的 2965 家减少到 2017 年的 17 家，每个行业大多只剩下 3~4 家甚至 1 家规模大、实力强、辐射带动农户多的合作社，通过合作社之间的合并与兼并，实现业务规模的扩大，如丹麦的奶制品加工业和生猪屠宰业主要由合作社控制，2 家奶业合作社和 3 家生猪屠宰厂几乎涵盖了所有业务。

2. 生产经营高度专业化

丹麦的农业合作社种类繁多，无论哪一类合作社都高度专业化，通常只经营一种业务，很少跨越产品部门。在同一地区范围内，不同的合作社之间业务联系不多；即使在同一产品部门内，各个合作社之间相互独立，没有统一的协作关系。丹麦合作社最突出特点是以单一项目的专业合作社为主，一个农户家庭通常同时参加多家合作社，以便取得不同的服务。

3. 发展新型环保农业

丹麦是世界上最早对有机食品使用国家认证标志的国家，拥有全国统一的有机标志（见图 8-6）。由于政府对农产品和食品安全的严格监控，丹麦出产的猪肉、牛肉、牛奶和乳制品、家禽、方便食品、糖果和蔬菜畅销全球，有机农业处于世界领先水平（见图 8-7）。丹麦政府近年来积极推动农业生产的环保化：一是推广有机农业，鼓励农民使用无化学肥料和无农药的种植方法；二是规定农业生产过程中的环境标准，保障农业生产不会对环境造成不良影响；三是加强农业废弃物的管理和处理，减少废弃物对环境的污染。这些措施使丹麦农业在农业环保方面处于国际领先地位。

图 8-6　丹麦的有机认证标志

图8-7　丹麦一座大楼屋顶上建立有机农场

（三）丹麦合作社的成功经验

1. 完善的扶持政策

以丹麦为代表的众多北欧国家的农业生产自然条件有限，通过发展农业合作社帮助农民抵抗风险，增加经济市场上的话语权，创造社会政治舞台上的代言人，更好地维护农民的利益。丹麦政府在农业生产环节投入大量的财政补贴，同时建立完善的金融支持体系，加大对农业的支持力度，特别是把农业科研、推广和教育的投入作为重点，丹麦90%以上的科研经费来源于政府投入，加强了农业的基础地位。

2. 高度重视农业教育和培训

丹麦政府高度重视农业教育和培训。合作社教育的最大特点是形成了一个十分完整的体系，包含初等教育、城市学生的预备课程、农业基础技术教育、高等教育和成人农业连续教育等层次。几乎所有农民均受过不同程度的专业技术教育或管理教育，否则政府不允许其从事农场的经营。

3. 综合经营，全面发展

丹麦合作社从最先的牛奶收购和初加工，发展到生猪、鸡蛋、水果、蔬菜、海产品等产业化经营；从单纯的生活日用品零售服务开始，发展到饲料、肥料、燃油、煤炭、农业机械等农用物资的配套供应；从单一品种的服务，发展到集约化、集团化综合经营。目前，丹麦合作社的业务范围已扩展至农、畜、水产品收购、加工和销售，水果、蔬菜、花卉的采收、保鲜、加工和销售，化肥、农药、水泥、燃油和农业机械的供应，以及银行、保险、住房和社区服务等诸多领域。

4. 为社员提供完善的服务

丹麦合作社为社员提供所需要的各种服务。正如丹麦 DLG 集团（欧洲领先的农业合作社和饲料生产公司）所介绍的，合作社的经营宗旨是"农民从早晨睁开双眼到夜晚睡觉，生产生活中所需要的每一项服务，合作社都要努力提供"。合作社以向成员提供个人无法实现的服务为业务宗旨，农民基本上可以退出农产品经营领域，专心于农业生产。

附录一 《中华人民共和国农民 专业合作社法》

（2006 年 10 月 31 日第十届全国人民代表大会常务委员会第二十四次会议通过　2017 年 12 月 27 日第十二届全国人民代表大会常务委员会第三十一次会议修订）

目录

第一章　总则

第一条　为了规范农民专业合作社的组织和行为，鼓励、支持、引导农民专业合作社的发展，保护农民专业合作社及其成员的合法权益，推进农业农村现代化，制定本法。

第二条　本法所称农民专业合作社，是指在农村家庭承包经营基础上，农产品的生产经营者或者农业生产经营服务的提供者、利用者，自愿联合、民主管理的互助性经济组织。

第三条　农民专业合作社以其成员为主要服务对象，开展以下一种或者多种业务：

（一）农业生产资料的购买、使用；

（二）农产品的生产、销售、加工、运输、贮藏及其他相关服务；

（三）农村民间工艺及制品、休闲农业和乡村旅游资源的开发经营等；

（四）与农业生产经营有关的技术、信息、设施建设运营等服务。

第四条　农民专业合作社应当遵循下列原则：

（一）成员以农民为主体；

（二）以服务成员为宗旨，谋求全体成员的共同利益；

（三）入社自愿、退社自由；

（四）成员地位平等，实行民主管理；

（五）盈余主要按照成员与农民专业合作社的交易量（额）比例返还。

第五条　农民专业合作社依照本法登记，取得法人资格。

农民专业合作社对由成员出资、公积金、国家财政直接补助、他人捐赠以及合法取得的其他资产所形成的财产，享有占有、使用和处分的权利，并以上述财产对债务承担责任。

第六条　农民专业合作社成员以其账户内记载的出资额和公积金份额为限对农民专业合作社承担责任。

第七条　国家保障农民专业合作社享有与其他市场主体平等的法律地位。

国家保护农民专业合作社及其成员的合法权益，任何单位和个人不得侵犯。

第八条 农民专业合作社从事生产经营活动，应当遵守法律，遵守社会公德、商业道德，诚实守信，不得从事与章程规定无关的活动。

第九条 农民专业合作社为扩大生产经营和服务的规模，发展产业化经营，提高市场竞争力，可以依法自愿设立或者加入农民专业合作社联合社。

第十条 国家通过财政支持、税收优惠和金融、科技、人才的扶持以及产业政策引导等措施，促进农民专业合作社的发展。

国家鼓励和支持公民、法人和其他组织为农民专业合作社提供帮助和服务。

对发展农民专业合作社事业做出突出贡献的单位和个人，按照国家有关规定予以表彰和奖励。

第十一条 县级以上人民政府应当建立农民专业合作社工作的综合协调机制，统筹指导、协调、推动农民专业合作社的建设和发展。

县级以上人民政府农业主管部门、其他有关部门和组织应当依据各自职责，对农民专业合作社的建设和发展给予指导、扶持和服务。

第二章 设立和登记

第十二条 设立农民专业合作社，应当具备下列条件：

（一）有五名以上符合本法第十九条、第二十条规定的成员；

（二）有符合本法规定的章程；

（三）有符合本法规定的组织机构；

（四）有符合法律、行政法规规定的名称和章程确定的住所；

（五）有符合章程规定的成员出资。

第十三条 农民专业合作社成员可以用货币出资，也可以用实物、知识产权、土地经营权、林权等可以用货币估价并可以依法转让的非货币财产，以及章程规定的其他方式作价出资；但是，法律、行政法规规定不得作为出资的财产除外。

农民专业合作社成员不得以对该社或者其他成员的债权，充抵出资；

不得以缴纳的出资，抵销对该社或者其他成员的债务。

第十四条 设立农民专业合作社，应当召开由全体设立人参加的设立大会。设立时自愿成为该社成员的人为设立人。

设立大会行使下列职权：

（一）通过本社章程，章程应当由全体设立人一致通过；

（二）选举产生理事长、理事、执行监事或者监事会成员；

（三）审议其他重大事项。

第十五条 农民专业合作社章程应当载明下列事项：

（一）名称和住所；

（二）业务范围；

（三）成员资格及入社、退社和除名；

（四）成员的权利和义务；

（五）组织机构及其产生办法、职权、任期、议事规则；

（六）成员的出资方式、出资额，成员出资的转让、继承、担保；

（七）财务管理和盈余分配、亏损处理；

（八）章程修改程序；

（九）解散事由和清算办法；

（十）公告事项及发布方式；

（十一）附加表决权的设立、行使方式和行使范围；

（十二）需要载明的其他事项。

第十六条 设立农民专业合作社，应当向工商行政管理部门提交下列文件，申请设立登记：

（一）登记申请书；

（二）全体设立人签名、盖章的设立大会纪要；

（三）全体设立人签名、盖章的章程；

（四）法定代表人、理事的任职文件及身份证明；

（五）出资成员签名、盖章的出资清单；

（六）住所使用证明；

（七）法律、行政法规规定的其他文件。

登记机关应当自受理登记申请之日起二十日内办理完毕，向符合登记条件的申请者颁发营业执照，登记类型为农民专业合作社。

农民专业合作社法定登记事项变更的，应当申请变更登记。

登记机关应当将农民专业合作社的登记信息通报同级农业等有关部门。

农民专业合作社登记办法由国务院规定。办理登记不得收取费用。

第十七条　农民专业合作社应当按照国家有关规定，向登记机关报送年度报告，并向社会公示。

第十八条　农民专业合作社可以依法向公司等企业投资，以其出资额为限对所投资企业承担责任。

第三章　成员

第十九条　具有民事行为能力的公民，以及从事与农民专业合作社业务直接有关的生产经营活动的企业、事业单位或者社会组织，能够利用农民专业合作社提供的服务，承认并遵守农民专业合作社章程，履行章程规定的入社手续的，可以成为农民专业合作社的成员。但是，具有管理公共事务职能的单位不得加入农民专业合作社。

农民专业合作社应当置备成员名册，并报登记机关。

第二十条　农民专业合作社的成员中，农民至少应当占成员总数的百分之八十。

成员总数二十人以下的，可以有一个企业、事业单位或者社会组织成员；成员总数超过二十人的，企业、事业单位和社会组织成员不得超过成员总数的百分之五。

第二十一条　农民专业合作社成员享有下列权利：

（一）参加成员大会，并享有表决权、选举权和被选举权，按照章程规定对本社实行民主管理；

（二）利用本社提供的服务和生产经营设施；

（三）按照章程规定或者成员大会决议分享盈余；

（四）查阅本社的章程、成员名册、成员大会或者成员代表大会记录、理事会会议决议、监事会会议决议、财务会计报告、会计账簿和财务审计报告；

（五）章程规定的其他权利。

第二十二条　农民专业合作社成员大会选举和表决，实行一人一票制，成员各享有一票的基本表决权。

出资额或者与本社交易量（额）较大的成员按照章程规定，可以享有附加表决权。本社的附加表决权总票数，不得超过本社成员基本表决权总票数的百分之二十。享有附加表决权的成员及其享有的附加表决权数，应当在每次成员大会召开时告知出席会议的全体成员。

第二十三条　农民专业合作社成员承担下列义务：

（一）执行成员大会、成员代表大会和理事会的决议；

（二）按照章程规定向本社出资；

（三）按照章程规定与本社进行交易；

（四）按照章程规定承担亏损；

（五）章程规定的其他义务。

第二十四条　符合本法第十九条、第二十条规定的公民、企业、事业单位或者社会组织，要求加入已成立的农民专业合作社，应当向理事长或者理事会提出书面申请，经成员大会或者成员代表大会表决通过后，成为本社成员。

第二十五条　农民专业合作社成员要求退社的，应当在会计年度终了的三个月前向理事长或者理事会提出书面申请；其中，企业、事业单位或者社会组织成员退社，应当在会计年度终了的六个月前提出；章程另有规定的，从其规定。退社成员的成员资格自会计年度终了时终止。

第二十六条　农民专业合作社成员不遵守农民专业合作社的章程、成员大会或者成员代表大会的决议，或者严重危害其他成员及农民专业合作社利益的，可以予以除名。

成员的除名，应当经成员大会或者成员代表大会表决通过。

在实施前款规定时，应当为该成员提供陈述意见的机会。

被除名成员的成员资格自会计年度终了时终止。

第二十七条　成员在其资格终止前与农民专业合作社已订立的合同，应当继续履行；章程另有规定或者与本社另有约定的除外。

第二十八条　成员资格终止的，农民专业合作社应当按照章程规定的方式和期限，退还记载在该成员账户内的出资额和公积金份额；对成员资格终止前的可分配盈余，依照本法第四十四条的规定向其返还。

资格终止的成员应当按照章程规定分摊资格终止前本社的亏损及债务。

第四章　组织机构

第二十九条　农民专业合作社成员大会由全体成员组成，是本社的权力机构，行使下列职权：

（一）修改章程；

（二）选举和罢免理事长、理事、执行监事或者监事会成员；

（三）决定重大财产处置、对外投资、对外担保和生产经营活动中的其他重大事项；

（四）批准年度业务报告、盈余分配方案、亏损处理方案；

（五）对合并、分立、解散、清算，以及设立、加入联合社等作出决议；

（六）决定聘用经营管理人员和专业技术人员的数量、资格和任期；

（七）听取理事长或者理事会关于成员变动情况的报告，对成员的入社、除名等作出决议；

（八）公积金的提取及使用；

（九）章程规定的其他职权。

第三十条　农民专业合作社召开成员大会，出席人数应当达到成员总数三分之二以上。

成员大会选举或者作出决议，应当由本社成员表决权总数过半数通过；作出修改章程或者合并、分立、解散，以及设立、加入联合社的决议应当由本社成员表决权总数的三分之二以上通过。章程对表决权数有较高规定的，从其规定。

第三十一条　农民专业合作社成员大会每年至少召开一次，会议的召集由章程规定。有下列情形之一的，应当在二十日内召开临时成员大会：

（一）百分之三十以上的成员提议；

（二）执行监事或者监事会提议；

（三）章程规定的其他情形。

第三十二条　农民专业合作社成员超过一百五十人的，可以按照章程规定设立成员代表大会。成员代表大会按照章程规定可以行使成员大会的部分或者全部职权。

依法设立成员代表大会的，成员代表人数一般为成员总人数的百分之十，最低人数为五十一人。

第三十三条　农民专业合作社设理事长一名，可以设理事会。理事长为本社的法定代表人。

农民专业合作社可以设执行监事或者监事会。理事长、理事、经理和财务会计人员不得兼任监事。

理事长、理事、执行监事或者监事会成员，由成员大会从本社成员中选举产生，依照本法和章程的规定行使职权，对成员大会负责。

理事会会议、监事会会议的表决，实行一人一票。

第三十四条　农民专业合作社的成员大会、成员代表大会、理事会、监事会，应当将所议事项的决定作成会议记录，出席会议的成员、成员代表、理事、监事应当在会议记录上签名。

第三十五条　农民专业合作社的理事长或者理事会可以按照成员大会的决定聘任经理和财务会计人员，理事长或者理事可以兼任经理。经理按照章程规定或者理事会的决定，可以聘任其他人员。

经理按照章程规定和理事长或者理事会授权，负责具体生产经营活动。

第三十六条　农民专业合作社的理事长、理事和管理人员不得有下列行为：

（一）侵占、挪用或者私分本社资产；

（二）违反章程规定或者未经成员大会同意，将本社资金借贷给他人或者以本社资产为他人提供担保；

（三）接受他人与本社交易的佣金归为己有；

（四）从事损害本社经济利益的其他活动。

理事长、理事和管理人员违反前款规定所得的收入，应当归本社所有；给本社造成损失的，应当承担赔偿责任。

第三十七条　农民专业合作社的理事长、理事、经理不得兼任业务性质相同的其他农民专业合作社的理事长、理事、监事、经理。

第三十八条　执行与农民专业合作社业务有关公务的人员，不得担任农民专业合作社的理事长、理事、监事、经理或者财务会计人员。

第五章　财务管理

第三十九条　农民专业合作社应当按照国务院财政部门制定的财务会计制度进行财务管理和会计核算。

第四十条　农民专业合作社的理事长或者理事会应当按照章程规定，组织编制年度业务报告、盈余分配方案、亏损处理方案以及财务会计报告，于成员大会召开的十五日前，置备于办公地点，供成员查阅。

第四十一条　农民专业合作社与其成员的交易、与利用其提供的服务的非成员的交易，应当分别核算。

第四十二条　农民专业合作社可以按照章程规定或者成员大会决议从当年盈余中提取公积金。公积金用于弥补亏损、扩大生产经营或者转为成员出资。

每年提取的公积金按照章程规定量化为每个成员的份额。

第四十三条　农民专业合作社应当为每个成员设立成员账户，主要记载下列内容：

（一）该成员的出资额；

（二）量化为该成员的公积金份额；

（三）该成员与本社的交易量（额）。

第四十四条　在弥补亏损、提取公积金后的当年盈余，为农民专业合作社的可分配盈余。可分配盈余主要按照成员与本社的交易量（额）比例返还。

可分配盈余按成员与本社的交易量（额）比例返还的返还总额不得低于可分配盈余的百分之六十；返还后的剩余部分，以成员账户中记载的出资额和公积金份额，以及本社接受国家财政直接补助和他人捐赠形成的财产平均量化到成员的份额，按比例分配给本社成员。

经成员大会或者成员代表大会表决同意，可以将全部或者部分可分配盈余转为对农民专业合作社的出资，并记载在成员账户中。

具体分配办法按照章程规定或者经成员大会决议确定。

第四十五条　设立执行监事或者监事会的农民专业合作社，由执行监事或者监事会负责对本社的财务进行内部审计，审计结果应当向成员大会报告。

成员大会也可以委托社会中介机构对本社的财务进行审计。

第六章　合并、分立、解散和清算

第四十六条　农民专业合作社合并，应当自合并决议作出之日起十日内通知债权人。合并各方的债权、债务应当由合并后存续或者新设的组织承继。

第四十七条　农民专业合作社分立，其财产作相应的分割，并应当自分立决议作出之日起十日内通知债权人。分立前的债务由分立后的组织承担连带责任。但是，在分立前与债权人就债务清偿达成的书面协议另有约定的除外。

第四十八条　农民专业合作社因下列原因解散：

（一）章程规定的解散事由出现；

（二）成员大会决议解散；

（三）因合并或者分立需要解散；

（四）依法被吊销营业执照或者被撤销。

因前款第一项、第二项、第四项原因解散的，应当在解散事由出现之日起十五日内由成员大会推举成员组成清算组，开始解散清算。逾期不能组成清算组的，成员、债权人可以向人民法院申请指定成员组成清算组进行清算，人民法院应当受理该申请，并及时指定成员组成清算组进行清算。

第四十九条 清算组自成立之日起接管农民专业合作社，负责处理与清算有关未了结业务，清理财产和债权、债务，分配清偿债务后的剩余财产，代表农民专业合作社参与诉讼、仲裁或者其他法律程序，并在清算结束时办理注销登记。

第五十条 清算组应当自成立之日起十日内通知农民专业合作社成员和债权人，并于六十日内在报纸上公告。债权人应当自接到通知之日起三十日内，未接到通知的自公告之日起四十五日内，向清算组申报债权。如果在规定期间内全部成员、债权人均已收到通知，免除清算组的公告义务。

债权人申报债权，应当说明债权的有关事项，并提供证明材料。清算组应当对债权进行审查、登记。

在申报债权期间，清算组不得对债权人进行清偿。

第五十一条 农民专业合作社因本法第四十八条第一款的原因解散，或者人民法院受理破产申请时，不能办理成员退社手续。

第五十二条 清算组负责制定包括清偿农民专业合作社员工的工资及社会保险费用，清偿所欠税款和其他各项债务，以及分配剩余财产在内的清算方案，经成员大会通过或者申请人民法院确认后实施。

清算组发现农民专业合作社的财产不足以清偿债务的，应当依法向人民法院申请破产。

第五十三条　农民专业合作社接受国家财政直接补助形成的财产，在解散、破产清算时，不得作为可分配剩余资产分配给成员，具体按照国务院财政部门有关规定执行。

第五十四条　清算组成员应当忠于职守，依法履行清算义务，因故意或者重大过失给农民专业合作社成员及债权人造成损失的，应当承担赔偿责任。

第五十五条　农民专业合作社破产适用企业破产法的有关规定。但是，破产财产在清偿破产费用和共益债务后，应当优先清偿破产前与农民成员已发生交易但尚未结清的款项。

第七章　农民专业合作社联合社

第五十六条　三个以上的农民专业合作社在自愿的基础上，可以出资设立农民专业合作社联合社。

农民专业合作社联合社应当有自己的名称、组织机构和住所，由联合社全体成员制定并承认的章程，以及符合章程规定的成员出资。

第五十七条　农民专业合作社联合社依照本法登记，取得法人资格，领取营业执照，登记类型为农民专业合作社联合社。

第五十八条　农民专业合作社联合社以其全部财产对该社的债务承担责任；农民专业合作社联合社的成员以其出资额为限对农民专业合作社联合社承担责任。

第五十九条　农民专业合作社联合社应当设立由全体成员参加的成员大会，其职权包括修改农民专业合作社联合社章程，选举和罢免农民专业合作社联合社理事长、理事和监事，决定农民专业合作社联合社的经营方案及盈余分配，决定对外投资和担保方案等重大事项。

农民专业合作社联合社不设成员代表大会，可以根据需要设立理事会、监事会或者执行监事。理事长、理事应当由成员社选派的人员担任。

第六十条　农民专业合作社联合社的成员大会选举和表决，实行一社一票。

第六十一条 农民专业合作社联合社可分配盈余的分配办法，按照本法规定的原则由农民专业合作社联合社章程规定。

第六十二条 农民专业合作社联合社成员退社，应当在会计年度终了的六个月前以书面形式向理事会提出。退社成员的成员资格自会计年度终了时终止。

第六十三条 本章对农民专业合作社联合社没有规定的，适用本法关于农民专业合作社的规定。

第八章 扶持措施

第六十四条 国家支持发展农业和农村经济的建设项目，可以委托和安排有条件的农民专业合作社实施。

第六十五条 中央和地方财政应当分别安排资金，支持农民专业合作社开展信息、培训、农产品标准与认证、农业生产基础设施建设、市场营销和技术推广等服务。国家对革命老区、民族地区、边疆地区和贫困地区的农民专业合作社给予优先扶助。

县级以上人民政府有关部门应当依法加强对财政补助资金使用情况的监督。

第六十六条 国家政策性金融机构应当采取多种形式，为农民专业合作社提供多渠道的资金支持。具体支持政策由国务院规定。

国家鼓励商业性金融机构采取多种形式，为农民专业合作社及其成员提供金融服务。

国家鼓励保险机构为农民专业合作社提供多种形式的农业保险服务。鼓励农民专业合作社依法开展互助保险。

第六十七条 农民专业合作社享受国家规定的对农业生产、加工、流通、服务和其他涉农经济活动相应的税收优惠。

第六十八条 农民专业合作社从事农产品初加工用电执行农业生产用电价格，农民专业合作社生产性配套辅助设施用地按农用地管理，具体办法由国务院有关部门规定。

第九章　　法律责任

第六十九条　侵占、挪用、截留、私分或者以其他方式侵犯农民专业合作社及其成员的合法财产，非法干预农民专业合作社及其成员的生产经营活动，向农民专业合作社及其成员摊派，强迫农民专业合作社及其成员接受有偿服务，造成农民专业合作社经济损失的，依法追究法律责任。

第七十条　农民专业合作社向登记机关提供虚假登记材料或者采取其他欺诈手段取得登记的，由登记机关责令改正，可以处五千元以下罚款；情节严重的，撤销登记或者吊销营业执照。

第七十一条　农民专业合作社连续两年未从事经营活动的，吊销其营业执照。

第七十二条　农民专业合作社在依法向有关主管部门提供的财务报告等材料中，作虚假记载或者隐瞒重要事实的，依法追究法律责任。

第十章　　附则

第七十三条　国有农场、林场、牧场、渔场等企业中实行承包租赁经营、从事农业生产经营或者服务的职工，兴办农民专业合作社适用本法。

第七十四条　本法自 2018 年 7 月 1 日起施行。

附录二 《农民专业合作社示范章程》

本示范章程中的【】内文字部分为解释性规定。农民专业合作社在遵守有关法律法规的前提下，可根据自身实际情况，参照本示范章程制订和修正本社章程。

_____专业合作社章程

【_____年___月___日召开设立大会，由全体设立人一致通过。_____年___月___日召开成员大会第___次修订通过。】

第一章　总则

第一条　为促进本社规范运行和持续发展，保护本社及成员的合法权益，增加成员收入，增进成员福利，依照《中华人民共和国农民专业合作社法》和有关法律、法规、政策，制定本章程。

第二条　本社由_____【注：列出全部发起人姓名或名称】等_____人发起，于_____年___月___日召开设立大会。

本社名称：_____专业合作社，成员出资总额_____元，其中，货币出资额_____元，非货币出资额_____元【注：如有非货币出资请按具体出资内容分别注明，如以土地经营权作价出资＊＊元】。

单个成员出资占比不得超过本社成员出资总额的百分之____。

本社法定代表人：＿＿＿＿＿＿＿＿【注：理事长姓名】。

　　本社住所：＿＿＿＿＿＿＿＿＿，邮政编码：＿＿＿＿＿＿。

　　第三条　本社以服务成员、谋求全体成员的共同利益为宗旨。成员入社自愿，退社自由，地位平等，民主管理，实行自主经营，自负盈亏，利益共享，风险共担，可分配盈余主要按照成员与本社的交易量（额）比例返还。

　　第四条　本社以成员为主要服务对象，依法开展以下业务：

　　（一）农业生产资料的购买、使用；

　　（二）农产品的生产、销售、加工、运输、贮藏及其他相关服务；

　　（三）农村民间工艺及制品、休闲农业和乡村旅游资源的开发经营；

　　（四）与农业生产经营有关的技术、信息、设施建设运营等服务。

　　【注：根据实际情况填写。上述内容应与市场监督管理部门颁发的农民专业合作社法人营业执照规定的业务范围一致。】

　　第五条　经成员（代表）大会讨论并决议通过，本社依法发起设立或自愿加入＿＿＿＿＿农民专业合作社联合社。

　　第六条　依法向＿＿＿＿＿公司等企业投资；依法投资兴办＿＿＿＿＿公司。

　　第七条　经成员（代表）大会讨论并决议通过，本社可以接受与本社业务有关的单位委托，办理代购代销等服务；可以向政府有关部门申请或者接受政府有关部门委托，组织实施国家支持发展农业和农村经济的建设项目；可以按决定的数额和方式参加社会公益捐赠。

　　第八条　本社及全体成员遵守法律、社会公德和商业道德，依法开展生产经营活动。本社不从事与章程规定无关的活动。

　　第九条　本社对由成员出资、公积金、国家财政直接补助、他人捐赠以及合法取得的其他资产所形成的财产，享有占有、使用和处分的权利，并以上述财产对债务承担责任。

　　第十条　本社为每个成员设立成员账户，主要记载该成员的出资方式、出资额、量化为该成员的公积金份额以及该成员与本社的业务交易量（额）。

本社成员以其成员账户内记载的出资额和公积金份额为限对本社承担责任。

第二章 成员

第十一条 具有民事行为能力的公民，从事与_____【注：业务范围内的主业农副产品名称】业务直接有关的生产经营，能够利用并接受本社提供的服务，承认并遵守本章程，履行本章程规定的入社手续的，可申请成为本社成员。从事与本社_____业务直接有关的生产经营活动的企业、事业单位或者社会组织可申请成为本社成员【注：农民专业合作社可以根据自身发展的实际情况决定是否吸收团体成员】。具有管理公共事务职能的单位不得加入本社。本社成员中，农民成员至少占成员总数的百分之八十。【注：农民专业合作社章程可自主确定入社成员的生产经营规模或经营服务能力等其他条件】

第十二条 凡符合第十一条规定，向本社理事长或者理事会提交书面入社申请，经成员大会或者成员代表大会表决通过后，即成为本社成员。

第十三条 本社向成员颁发成员证书，并载明成员的出资额。成员证书同时加盖本社财务印章和理事长印鉴。

第十四条 本社成员享有下列权利：

（一）参加成员大会，并享有表决权、选举权和被选举权，按照本章程规定对本社实行民主管理；

（二）利用本社提供的服务和生产经营设施；

（三）按照本章程规定分享本社盈余；

（四）查阅本社章程、成员名册、成员大会或者成员代表大会记录、理事会会议决议、监事会会议决议、财务会计报告、会计账簿和财务审计报告；

（五）对本社理事长、理事、执行监事（监事长）、监事的工作提出质询、批评和建议；

（六）提议召开临时成员大会；

（七）提出书面退社申请，依照本章程规定程序退出本社；

（八）按照本章程规定向本社其他成员转让出资，成员账户内的出资额和公积金份额可依法继承；

（九）成员（代表）大会对拟除名成员表决前，拟被除名成员有陈述意见的机会；

（十）成员共同议决的其他权利。

第十五条　本社成员（代表）大会选举和表决，实行一人一票制，成员各享有一票基本表决权。

出资额占本社成员出资总额百分之_____以上或者与本社业务交易量（额）占本社总交易量（额）百分之_____以上的成员，在本社_____等事项【注：如，设立或加入农民专业合作社联合社、重大财产处置、投资兴办经济实体、对外担保和生产经营活动中的其他事项】决策方面，最多享有_____票的附加表决权。【注：可对每类事项规定享有附加表决权的成员条件及享有附加表决权的单个成员可能享有的附加表决权的票数。】本社成员附加表决权总票数，依法不得超过本社成员基本表决权总票数的百分之二十。享有附加表决权的成员及其享有的附加表决权数，在每次成员大会召开时告知出席会议的成员。

第十六条　本社成员承担下列义务：

（一）遵守本社章程和各项规章制度，执行成员（代表）大会和理事会的决议；

（二）按照章程规定向本社出资；

（三）积极参加本社各项业务活动，接受本社提供的技术指导，按照本社规定的质量标准和生产技术规程从事生产，履行与本社签订的业务合同，发扬互助协作精神，谋求共同发展；

（四）维护本社合法利益，爱护生产经营设施；

（五）不从事损害本社及成员共同利益的活动；

（六）不得以其对本社或者本社其他成员的债权，抵销已认购但尚未缴清的出资额；不得以已缴纳的出资，抵销其对本社或者本社其他成员的债务；

（七）承担本社的亏损；

（八）成员共同议决的其他义务。

第十七条 成员有下列情形之一的，终止其成员资格：

（一）要求退社的；

（二）丧失民事行为能力的；

（三）死亡的；

（四）企业、事业单位或社会组织成员破产、解散的；

（五）被本社除名的。

第十八条 成员要求退社的，须在会计年度终了的_____个月前【注：不得低于三个月】向理事会提出书面声明，办理退社手续；其中，企业、事业单位或社会组织成员退社的，须在会计年度终了的_____个月前【注：不得低于六个月】提出。退社成员的成员资格自该会计年度终了时终止。

第十九条 成员资格终止的，在完成该年度决算后_____个月内【注：不应超过三个月】，退还记载在该成员账户内的出资额和公积金份额。如本社经营盈余，按照本章程规定返还其相应的盈余；如本社经营有亏损和债务，扣除其应分摊的亏损金额及债务金额。

成员在其资格终止前与本社已订立的业务合同应当继续履行【注：或依照退社时与本社的约定确定】。

第二十条 成员死亡的，其法定继承人符合法律及本章程规定的入社条件的，可以在____个月内向理事长或者理事会提出书面入社申请，经成员（代表）大会表决通过后，成为本社成员，办理入社手续，依法继承被继承人与本社的债权债务。成员大会或者成员代表大会不同意其法定继承人继承成员资格的，原成员资格因死亡而终止，其成员账户中记载的出资额、公积金份额由其继承人依《继承法》规定继承。

第二十一条 成员有下列情形之一的，经成员（代表）大会表决通过，予以除名：

（一）不遵守本社章程、成员（代表）大会的决议；

（二）严重危害其他成员及本社利益的；

（三）成员共同议决的其他情形。

成员（代表）大会表决前，允许被除名成员陈述意见。

第二十二条　被除名成员的成员资格自会计年度终了时终止。本社对被除名成员，退还记载在该成员账户内的出资额和公积金份额，结清其应承担的本社亏损及债务，返还其相应的盈余所得。因第二十一条第二项被除名的成员须对本社作出相应赔偿。

第三章　组织机构

第二十三条　成员大会是本社的最高权力机构，由全体成员组成。

成员大会行使下列职权：

（一）审议、修改本社章程和各项规章制度；

（二）选举和罢免理事长、理事、执行监事或者监事会成员；

（三）决定成员入社、退社、继承、除名、奖励、处分等事项；

（四）决定成员出资增加或者减少；

（五）审议本社的发展规划和年度业务经营计划；

（六）审议批准年度财务预算和决算方案；

（七）审议批准年度盈余分配方案和亏损处理方案；

（八）审议批准理事会、执行监事或者监事会提交的年度业务报告；

（九）决定重大财产处置、对外投资、对外担保和生产经营活动中的其他重大事项；

（十）对合并、分立、解散、清算以及设立、加入联合社等作出决议；

（十一）决定聘用经营管理人员和专业技术人员的数量、资格和任期；

（十二）听取理事长或者理事会关于成员变动情况的报告；

（十三）决定公积金的提取及使用；

（十四）决定是否设立成员代表大会；

（十五）决定其他重大事项。

第二十四条 本社成员超过一百五十人时，设立成员代表大会，成员代表人数一般为成员总人数的百分之十。本社成员代表为_____人。成员代表大会履行本章程第二十三条第_____项至第_____项规定的成员大会职权。成员代表任期_____年，可以连选连任。【注：成员总数超过一百五十人的农民专业合作社可以根据自身发展的实际情况决定是否设立成员代表大会，成员代表最低人数为五十一人。】

第二十五条 本社每年召开_____次成员大会【注：每年至少召开一次成员大会】，成员大会由_____【注：理事长或者理事会】负责召集，并在成员大会召开之日前十五日向本社全体成员通报会议内容。

第二十六条 有下列情形之一的，本社在二十日内召开临时成员大会：

（一）百分之三十以上的成员提议；

（二）监事会【注：或者执行监事】提议；

（三）理事会提议；

（四）成员共同议决的其他情形。

理事长【注：或者理事会】不能履行或者在规定期限内没有正当理由不履行召集临时成员大会职责的，监事会【注：或者执行监事】在_____日内召集并主持临时成员大会。

第二十七条 成员大会须有本社成员总数的三分之二以上出席方可召开。成员因故不能参加成员大会，可以书面委托其他成员代理发言、表决。一名成员最多只能代理_____名成员。

成员大会选举或者做出决议，须经本社成员表决权总数过半数通过；对修改本社章程，增加或者减少成员出资，合并、分立、解散，设立或加入联合社等重大事项做出决议的，须经本社成员表决权总数的三分之二以上通过【注：可以根据实际情况设置更高表决权比例】。

第二十八条 本社设理事长一名，为本社的法定代表人。理事长任期

_____年，可连选连任。

理事长行使下列职权：

（一）主持成员大会，召集并主持理事会会议；

（二）签署本社成员出资证明；

（三）组织编制年度业务报告、盈余分配方案、亏损处理报告、财务会计报告；

（四）签署聘任或者解聘本社经理、财务会计人员和其他专业技术人员聘书；

（五）组织实施成员大会、成员代表大会和理事会决议，检查决议实施情况；

（六）代表本社签订合同等；

（七）代表本社参加其所加入的联合社的成员大会；

（八）履行成员大会授予的其他职权。

【注：不设理事会的理事长职权参照本条款及理事会职权】

第二十九条　本社设理事会，对成员大会负责，由_____名成员组成【注：理事会成员人数为单数，最少三人】，设副理事长_____人。理事会成员任期_____年，可连选连任。

理事会行使下列职权：

（一）召集成员（代表）大会并报告工作，执行成员（代表）大会决议；

（二）制订本社发展规划、年度业务经营计划、内部管理规章制度等，提交成员（代表）大会审议；

（三）制定年度财务预决算、盈余分配和亏损弥补等方案，提交成员（代表）大会审议；

（四）决定聘用经营管理人员和专业技术人员的报酬；

（五）组织开展成员培训和各种协作活动；

（六）管理本社的资产和财务，维护本社的财产安全；

（七）接受、答复、处理本社成员、监事会【注：或者执行监事】提出的有关质询和建议；

（八）接受入社申请，提交成员（代表）大会审议；

（九）决定聘任或者解聘本社经理、财务会计人员和其他专业技术人员；

（十）履行成员大会授予的其他职权。

第三十条　理事会会议的表决，实行一人一票。重大事项集体讨论，并经三分之二以上理事同意，方可形成决定，作成会议记录，出席会议的理事在会议记录上签名。理事个人对某项决议有不同意见时，其意见载入会议记录并签名。理事会会议可邀请监事长【注：或者执行监事】、经理和＿＿＿＿名成员代表列席，列席者无表决权。

第三十一条　本社设执行监事一名，代表全体成员监督检查理事会和工作人员的工作。执行监事列席理事会会议，并对理事会决议事项提出质询或建议。【注：不设监事会的执行监事职权参照监事会职权】

第三十二条　本社设监事会，由＿＿＿＿名监事组成【注：监事会成员人数为单数，最少三人】，设监事长一人，代表全体成员监督检查理事会和工作人员的工作。监事长和监事会成员任期＿＿＿＿年，可连选连任。监事长列席理事会会议，并对理事会决议事项提出质询或建议。

监事会行使下列职权：

（一）监督理事会对成员大会决议和本社章程的执行情况；

（二）监督检查本社的生产经营业务情况，负责本社财务审核监察工作；

（三）监督理事长或者理事会成员和经理履行职责情况；

（四）向成员大会提出年度监察报告；

（五）向理事长或者理事会提出工作质询和改进工作的建议；

（六）提议召开临时成员大会；

（七）履行成员大会授予的其他职责。

第三十三条　监事会会议由监事长召集，会议决议以书面形式通知理事会。理事会在接到通知后＿＿＿＿日内就有关质询作出答复。

第三十四条　监事会会议的表决实行一人一票。监事会会议须有三分之二以上的监事出席方能召开，作成会议记录，出席会议的监事在会议记录上签名。重大事项的决议须经三分之二以上监事同意方能生效。监事个人对某项决议有不同意见时，其意见载入会议记录并签名。

第三十五条　本社经理由理事会【注：或者理事长】按照成员大会的决定聘任或者解聘，对理事会【注：或者理事长】负责，行使下列职权：

（一）主持本社的生产经营工作，组织实施理事会决议；

（二）组织实施年度生产经营计划和投资方案；

（三）拟订经营管理制度；

（四）聘任其他经营管理人员；

（五）理事会授予的其他职权。

本社理事长或者理事可以兼任经理。

第三十六条　本社现任理事长、理事、经理和财务会计人员不得兼任监事。

第三十七条　本社理事长、理事和管理人员不得有下列行为：

（一）侵占、挪用或者私分本社资产；

（二）违反章程规定或者未经成员大会同意，将本社资金借贷给他人或者以本社资产为他人提供担保；

（三）接受他人与本社交易的佣金归为己有；

（四）从事损害本社经济利益的其他活动；

（五）兼任业务性质相同的其他农民专业合作社的理事长、理事、监事、经理。

理事长、理事和管理人员违反前款第（一）项至第（四）项规定所得的收入，归本社所有；给本社造成损失的，须承担赔偿责任。

第四章　财务管理

第三十八条　本社实行独立的财务管理和会计核算，严格执行国务院财政部门制定的农民专业合作社财务会计制度。

第三十九条 本社依照有关法律、行政法规和政府有关主管部门的规定，建立健全财务和会计制度，实行财务定期公开制度，每月_____日【注：或者每季度第_____月_____日】向本社成员公开会计信息，接受成员的监督。

本社财务会计人员应当具备从事会计工作所需要的专业能力，会计和出纳互不兼任。理事会、监事会成员及其直系亲属不得担任本社的财务会计人员。

第四十条 本社与成员和非成员的交易实行分别核算。成员与本社的所有业务交易，实名记载于各该成员的成员账户中，作为按交易量（额）进行可分配盈余返还分配的依据。利用本社提供服务的非成员与本社的所有业务交易，实行单独记账。

第四十一条 会计年度终了时，由理事会【注：或者理事长】按照本章程规定，组织编制本社年度业务报告、盈余分配方案、亏损处理方案以及财务会计报告，于成员大会召开十五日前，置备于办公地点，供成员查阅并接受成员的质询。

第四十二条 本社资金来源包括以下几项：

（一）成员出资；

（二）每个会计年度从盈余中提取的公积金、公益金；

（三）未分配收益；

（四）国家财政补助资金；

（五）他人捐赠款；

（六）其他资金。

第四十三条 本社成员可以用货币出资，也可以用库房、加工设备、运输设备、农机具、农产品等实物、知识产权、土地经营权、林权等可以用货币估价并可以依法转让的非货币财产，以及_____【注：如还有其他方式，请注明】等方式作价出资，但不得以劳务、信用、自然人姓名、商誉、特许经营权或者设定担保的财产等作价出资。成员以非货币方式出资的，由全体成员评估作价或由第三方机构评估作价、全体成员一致认可。

成员以家庭承包的土地经营权出资入社的，应当经承包农户全体成员同意。通过租赁方式取得土地经营权或者林权的，对合作社出资须取得原承包权人的书面同意。

第四十四条　本社成员认缴的出资额，须在_____个月内缴清。

第四十五条　以货币方式出资的出资期限为_____年，以非货币方式作价出资【注：注明具体出资方式，如以土地经营权作价出资】的出资期限为_____年。

第四十六条　以非货币方式作价出资的成员与以货币方式出资的成员享受同等权利，承担同等义务。

经理事会【注：或者理事长】审核，成员大会讨论通过，成员出资可以转让给本社其他成员。

本社成员不得【注：或者可以，根据实际情况选择】以其依法可以转让的出资设定担保。

第四十七条　为实现本社及全体成员的发展目标需要调整成员出资时，经成员大会讨论通过，形成决议，每个成员须按照成员大会决议的方式和金额调整成员出资。

第四十八条　本社从当年盈余中提取百分之_____的公积金，用于扩大生产经营、弥补亏损或者转为成员出资。

本社每年提取的公积金，按照成员与本社业务交易量（额）【注：或者出资额，也可以二者相结合】依比例量化为每个成员所有的份额。

第四十九条　本社从当年盈余中提取百分之_____的公益金，用于成员的技术培训、合作社知识教育以及文化、福利事业和生活上的互助互济。其中，用于成员技术培训与合作社知识教育的比例不少于公益金数额的百分之_____。

第五十条　本社接受的国家财政直接补助和他人捐赠，均按国务院财政部门制定的农民专业合作社财务会计制度规定的方法确定的金额入账，作为本社的资金（资产），按照规定用途和捐赠者意愿用于本社的发展。在解散、破产清算时，由国家财政直接补助形成的财产，不得作为可分配剩余资产分配给成员，处置办法按照国务院财政部门有关规定执行；接受他人的捐赠，与捐赠者另有约定的，按约定办法处置。

第五十一条 当年扣除生产经营和管理服务成本，弥补亏损、提取公积金和公益金后的可分配盈余，主要按照成员与本社的交易量（额）比例返还，经成员大会决议，按照下列顺序分配：

（一）按成员与本社的业务交易量（额）比例返还，返还总额不低于可分配盈余的百分之六十【注：依法不低于百分之六十，具体年度比例由成员大会讨论决定】；

（二）按前项规定返还后的剩余部分，以成员账户中记载的出资额和公积金份额，以及本社接受国家财政直接补助和他人捐赠形成的财产平均量化到成员的份额，按比例分配给本社成员，并记载在成员个人账户中。

第五十二条 经成员（代表）大会表决同意，可以将本社全部或部分可分配盈余转为成员对本社的出资，并记载在成员账户中。

第五十三条 本社如有亏损，经成员（代表）大会讨论通过，用公积金弥补，不足部分也可以用以后年度盈余弥补。

本社的债务用本社公积金或者盈余清偿，不足部分依照成员个人账户中记载的财产份额，按比例分担，但不超过成员账户中记载的出资额和公积金份额。

第五十四条 监事会【注：或者执行监事】负责本社的日常财务审核监督。根据成员（代表）大会【注：或者理事会】的决定【注：或者监事会的要求】，本社委托＿＿＿＿＿＿＿＿【注：列明被委托机构的具体名称，该机构应系具有相关资质的社会中介机构】对本社财务进行年度审计、专项审计和换届、离任审计。

第五章 合并、分立、解散和清算

第五十五条 本社与他社合并，须经成员大会决议，自合并决议作出之日起十日内通知债权人。合并后的债权、债务由合并后存续或者新设的农民专业合作社承继。

第五十六条　本社分立，须经成员大会决议，本社的财产作相应分割，并自分立决议作出之日起十日内通知债权人。分立前的债务由分立后的组织承担连带责任。但是，在分立前与债权人就债务清偿达成的书面协议另有约定的除外。

第五十七条　本社因下列原因解散：

（一）因成员变更低于法定人数或比例，自事由发生之日起6个月内仍未达到法定人数或比例；

（二）成员大会决议解散；

（三）本社分立或者与其他农民专业合作社合并后需要解散；

（四）因不可抗力致使本社无法继续经营；

（五）依法被吊销营业执照或者被撤销登记；

（六）成员共同议决的其他情形。

第五十八条　本社因第五十七条第一项、第二项、第四项、第五项、第六项情形解散的，在解散情形发生之日起十五日内，由成员大会推举_____名成员组成清算组接管本社，开始解散清算。逾期未能组成清算组时，成员、债权人可以向人民法院申请指定成员组成清算组进行清算。

第五十九条　清算组负责处理与清算有关未了结业务，清理本社的财产和债权、债务，制定清偿方案，分配清偿债务后的剩余财产，代表本社参与诉讼、仲裁或者其他法律程序，并在清算结束后_____日内向成员公布清算情况，向登记机关办理注销登记。

第六十条　清算组自成立起十日内通知成员和债权人，并于六十日内在报纸上公告。

第六十一条　本社财产优先支付清算费用和共益债务后，按下列顺序清偿：

（一）与农民成员已发生交易所欠款项；

（二）所欠员工的工资及社会保险费用；

（三）所欠税款；

（四）所欠其他债务；

（五）归还成员出资、公积金；

（六）按清算方案分配剩余财产。

清算方案须经成员大会通过或者申请人民法院确认后实施。本社财产不足以清偿债务时，依法向人民法院申请破产。

第六章　附则

第六十二条　本社需要向成员公告的事项，采取＿＿＿＿＿＿方式发布，需要向社会公告的事项，采取＿＿＿＿＿＿方式发布。

第六十三条　本章程由设立大会表决通过，全体设立人签字后生效。

第六十四条　修改本章程，须经半数以上成员或者理事会提出，理事会【注：或者理事长】负责修订。

第六十五条　本章程如有附录（如成员出资列表），附录为本章程的组成部分。

全体设立人签名、盖章：①

---

① 参见《农民专业合作社示范章程》中华人民共和国农业农村部，http：//www. moa. gov. cn／。

附录三 《农民专业合作社财务制度》

（财农〔2022〕58号）

第一章 总则

第一条 为了加强农民专业合作社和农民专业合作社联合社（以下统称合作社）财务管理，规范合作社财务行为，保护合作社及其成员的合法权益，依照《中华人民共和国农民专业合作社法》和国家有关法律、法规的规定，结合合作社的实际情况，制定本制度。

第二条 本制度适用于依照《中华人民共和国农民专业合作社法》设立并取得法人资格的合作社。

第三条 合作社应当根据本制度规定和自身财务管理需要，建立健全财务管理制度，有序开展财务管理工作，如实反映财务状况。

第四条 合作社应当依照《中华人民共和国会计法》和国家统一的会计制度规定进行会计核算。合作社理事长对本社的会计工作和会计资料的真实性、完整性负责。

第五条 合作社应当按照国家有关规定及成员（代表）大会的决定，聘任财务会计人员，或者按规定委托代理记账。执行与合作社业务有关公务的人员不得担任合作社财务会计人员。

第六条 合作社应当建立健全财务内部控制制度，明确相关岗位的管理权限和责任，按照风险与收益均衡、不相容职务分离的原则，履行内部财务管理职责，控制财务风险。

第七条 合作社应当建立健全财务决策制度，依法明确决策规则、程序、权限和责任等。

合作社应当加强运营资金管理，强化预算管理和财务分析。

第八条 合作社应当为每个成员设立成员账户，记载该成员的出资额、量化到该成员的公积金份额、本社接受国家财政直接补助和接受他人捐赠形成的财产平均量化到该成员的份额、该成员与本社的交易量（额）、本社对该成员的盈余返还和剩余盈余分配等内容。联合社以入社合作社为成员，建立成员账户进行核算。

第九条 合作社的财务工作应当接受农业农村（农村经营管理）部门、财政部门的指导和监督。

合作社应当依法按时向税务机关申报纳税，及时向登记机关、农业农村（农村经营管理）等部门报送有关财务信息。

第二章 资金筹集及使用管理

第十条 合作社资金筹集是指合作社筹措、集聚其自身建设和生产经营所需要的资金，包括权益资金筹集和债务资金筹集。

合作社应当拟订资金筹集方案，确定筹资规模，履行内部决策程序，控制筹资成本。

第十一条 权益资金筹集是指合作社依法接受成员投入的股金、接受国家财政直接补助和他人捐赠形成的专项基金等。

第十二条 合作社成员可以用货币出资，也可以用实物、知识产权、土地经营权、林权等可以用货币估价并可以依法转让的非货币财产，以及章程规定的其他方式作价出资。法律、法规规定不得作为出资的财产除外。

合作社成员以非货币方式出资的，应当按照有关规定和合作社章程规定，确认出资额，计入成员账户，按照享有合作社成员出资总额的份额确定股金，差额作为资本公积管理。

第十三条　合作社成员不得以对本社或者其他成员的债权，充抵出资；不得以缴纳的出资，抵销对本社或者其他成员的债务；不得以劳务、信用、自然人姓名、商誉、特许经营权或者设定担保的财产等作价出资。

第十四条　合作社成员增加、减少或转让出资时，应当按照章程规定进行调整，并及时向登记机关申请变更登记。

第十五条　合作社接受国家财政直接补助和他人捐赠形成的财产，作为专项基金处理，并依法平均量化到每个成员，计入成员账户。

合作社应当对国家财政直接补助资金实行专款专用，取得生物资产、固定资产、无形资产等时，应当建立资产台账，加强资产管护，严禁挤占、挪用、侵占、私分。

第十六条　债务资金筹集是指合作社依法以借款、应付及暂收款项等方式进行资金筹集。

合作社应当明确债务资金筹集的目的、项目、内容等，根据资金成本、债务风险和资金需求，进行必要的筹资决策，控制债务比例，签订书面合同，并制定还款计划，诚信履行债务合同。

合作社筹集债务资金应当召开成员（代表）大会进行决议，由本社成员表决权总数过半数通过，章程对表决权数有较高规定的从其规定。

第十七条　合作社应当建立健全借款业务内部控制制度，明确审批人和经办人的权限、程序、责任和相关控制措施，按章程规定进行决策和审批，加强对借款合同等文件和单据凭证的管理。

合作社向金融机构申请借款，优先选择金融机构的优惠贷款。需要提供担保的，应当注意担保物价值与借款金额的匹配性。

第十八条　合作社的应付款项包括与本社成员和非本社成员的各项应付及暂收款项。

合作社应当建立健全应付及暂收款项管理制度，完善款项审批手续，及时入账，定期对账，按合同约定的时间适时付款和提供产品及劳务。合作社应当对成员往来、应付及暂收款设立明细账，详细反映应付及暂收款项的发生、增减变动、余额，应付及暂收款单位或个人，账期等财务信息，确保款项的安全。

第三章 资产及运营管理

第十九条 合作社的资产包括货币资金、应收款项、存货、生物资产、固定资产、无形资产、对外投资和长期待摊费用等。

第二十条 合作社的货币资金包括现金、银行存款等。

合作社应当建立健全货币资金管理制度，明确相关岗位的职责、权限，经办、审批等业务流程以及风险控制措施。合作社应当依法开立银行账户，加强资金、票据和印章管理。货币资金收付应当取得有效的原始凭据，并有经手人、审批人等签名，严禁无据收付款。非出纳人员不得保管现金，确因工作需要委托他人代收款项的，代收人应当自收到代收款之日起三个工作日内如数交给出纳。不得坐收坐支、白条抵库、挤占挪用、公款私存或者私款公存。

第二十一条 合作社的应收款项包括与本社成员和非本社成员的各项应收及暂付款项。

合作社应当建立健全应收及暂付款项管理制度，对成员往来、应收及暂付款设立明细账，详细反映应收及暂付款项的发生、增减变动、余额，应收及暂付款单位或个人，账期等财务信息，评估信用风险，跟踪履约情况，减少坏账损失。

第二十二条 合作社的存货包括材料、农产品、工业产成品、低值易耗品、包装物等产品物资，在产品，受托代销商品、受托代购商品、委托代销商品和委托加工物资等。

合作社应当建立健全存货管理制度，明确相关岗位的职责、权限，经办、审批等业务流程以及风险控制措施。存货入库时，应当办理清点验收手续，填写入库单，根据合同约定以及内部审批制度支付货款。存货领用或出库时，应当办理出库手续，填写领用单或出库单。应当定期或不定期对存货进行盘点核对，做到账实相符。

合作社应当明确销售、采购业务审批人和经办人的权限、程序、责任和相关控制措施，按照章程规定办理销售、采购业务，及时做好销售、采购记录，严格销售和采购合同、出库和入库凭证、销售和采购发票、验收证明等核对和管理。

第二十三条　合作社的生物资产包括消耗性生物资产、生产性生物资产和公益性生物资产。

合作社应当建立健全生物资产管理制度，加强对生物资产的成本、增减、折旧、出售、死亡毁损核算及管理。

经济林、薪炭林、产畜和役畜等生产性生物资产投产后，预计净残值率按照其成本的5%确定。

第二十四条　合作社的固定资产是指使用年限在一年以上，单位价值在2000元以上，并在使用过程中基本保持原有物质形态的资产，包括房屋、建筑物、机器、设备、工具、器具和农业农村基础设施等。单位价值虽未达到规定标准，但使用年限在一年以上的大批同类物资也可列为固定资产。

合作社应当建立健全固定资产管理制度，加强固定资产购建、使用、折旧、处置管理，落实人员岗位责任制。应当明确固定资产购建的决策依据、程序、审批权限和责任制度，制定并严格执行可行性研究和预决算、付款及竣工验收等制度。合作社的在建工程达到交付使用状态时，应当按照有关规定办理工程竣工财务决算和资产验收交付使用。

合作社应当建立固定资产台账，对固定资产定期或不定期地进行清查盘点。财务年度终了前，应当进行全面清查盘点，保证账、卡、物相符。对固定资产的盘盈、盘亏应当按照有关规定处理。

第二十五条　合作社的无形资产包括专利权、商标权、著作权、非专利技术、土地经营权、林权、草原使用权等。

合作社应当建立无形资产台账，依法明确权属，落实有关经营、管理的财务责任，对无形资产进行分类核算和管理。

合作社应当建立健全无形资产摊销制度，确定无形资产摊销方法。

第二十六条　合作社的对外投资是指合作社依法出资设立或者加入联合社，以及采用货币资金、实物资产、无形资产等向其他单位的投资。

合作社应当明确对外投资业务审批人和经办人的权限、程序、责任和相关控制措施。对外投资评估、决策及其收回、转让与核销等，应当由理事会提交成员（代表）大会决议。应当建立健全对外投资责任追究制度，加强对审批文件、投资合同或协议、投资方案计划书、对外投资有关权益证书、对外投资处置决议等文件资料的管理。应当加强对投资收益的管理，对外投资获取的现金股利或利润、利息等均应纳入会计核算，严禁设置账外账。

第四章　收入成本费用管理

第二十七条　合作社的收入包括合作社的经营收入和其他收入。

第二十八条　合作社应当对收入及时结算，切实加强管理，严禁隐瞒、截留、挤占和挪用。

第二十九条　合作社的费用包括经营支出、税金及附加、管理费用、财务费用和其他支出等。

第三十条　合作社应当加强费用支出管理，建立必要的费用开支范围、标准和报销审批等制度，控制和节约各项费用支出，不得虚列虚报。

合作社的支出应当按照财务工作规范流程，由经办人在原始凭证上注明用途并签字后，经合作社负责人审批同意并签字盖章，由财务会计人员审核记账，按程序实行公开，接受合作社成员监督。大额支出必须经成员（代表）大会决议通过后执行。

第三十一条　合作社不得承担属于成员和经营管理者个人的下列支出：

（一）娱乐、健身、旅游、购物、招待、馈赠等支出；

（二）购买商业保险、证券、股权、收藏品等支出；

（三）个人行为导致的罚款、赔偿等支出；

（四）购买住房、支付物业管理费、修缮费用等支出；

（五）应由个人承担的其他支出。

第三十二条　合作社应当强化成本意识，加强成本管理。

第五章　盈余及盈余分配管理

第三十三条　合作社应当做好收入、成本费用核算，及时结转各项收入和支出，核算所得税费用，确定当年盈余，规范盈余分配。

合作社应当按照章程规定，编制盈余分配或亏损处理方案，确定盈余分配或亏损处理程序。

第三十四条　合作社可以在章程中规定公积金提取的比例和用途，每年提取的公积金按照章程规定的比例量化为每个成员所有的份额。

合作社提取及使用公积金，应当按照章程规定或者经成员（代表）大会决议通过。

第三十五条　合作社在弥补亏损、提取公积金后的当年盈余为可分配盈余。

可分配盈余按成员与本社的交易量（额）比例返还的返还总额不得低于可分配盈余的百分之六十；返还后的剩余部分，以成员账户中记载的出资额和公积金份额，以及本社接受国家财政直接补助和他人捐赠形成的财产平均量化到成员的份额，按比例分配给本社成员。

经成员（代表）大会决议通过，可以将全部或者部分可分配盈余转为对合作社的出资，并记载在成员账户中。

具体分配办法按照章程规定或者经成员（代表）大会决议确定。

第六章　财务清算

第三十六条　合作社解散、破产时，应当按照有关法律规定进行财务清算。

第三十七条　合作社因章程规定的解散事由出现、成员（代表）大会决议解散、依法被吊销营业执照或者被撤销等原因解散，应当在解散事由出现之日起十五日内由成员（代表）大会推举成员组成清算组。逾期不能组成清算组的，成员、债权人可以向人民法院申请指定成员组成清算组，开始解散清算。

合作社财务清算，应当对合作社的财产、债权债务等进行全面清理，编制财产目录和债权债务清单，提出财产作价依据和债权债务处理办法。清算期间，未经清算组同意，任何组织机构和个人不得处理合作社的财产，包括宣布清算时的全部财产和清算期间取得的财产。

合作社接受国家财政直接补助形成的财产，在解散、破产清算时，不得作为可分配剩余资产分配给成员，具体按照有关规定执行。

第三十八条　合作社因严重亏损，资不抵债，不能清偿全部到期债务，或者清算组发现合作社的财产不足以清偿债务的，应当依法向人民法院申请破产。

第三十九条　在宣布合作社解散、破产前六个月至宣布解散、破产之日，下列行为无效：

（一）无偿转让财产；

（二）非正常压价处理财产；

（三）对原来没有财产担保的债务提供财产担保；

（四）对未到期的债务提前清偿；

（五）放弃应属于合作社的债权。

第七章　财务监督

第四十条　合作社应当建立健全财务审计制度，对财务收支的真实性、合法性、合规性进行内部审计。

第四十一条　合作社应当建立健全财务公开制度，以易于理解的形式如实向本社成员公开年度财务报告等财务信息，自觉接受成员的监督。

第四十二条　合作社解散、破产清算时，未按照有关规定处置国家财政直接补助形成的财产的，或者清算组成员因故意或重大过失造成国家财政直接补助形成的财产流失的，依法追究法律责任。

第四十三条　合作社、合作社负有直接责任的主管人员和其他人员有以下行为之一的，县级以上有关主管部门可以责令限期改正。

（一）未按本制度规定建立健全各项内部财务管理制度的；

（二）内部财务管理制度明显与法律、行政法规和通用的合作社财务规章制度相抵触，且不按照有关主管部门要求修正的。

第四十四条　任何单位或个人在合作社财务管理中滥用职权、玩忽职守、徇私舞弊或者泄露国家机密、合作社商业秘密的，依法进行处理。

第八章　附则

第四十五条　各省、自治区、直辖市和计划单列市财政部门，新疆生产建设兵团财政局可根据本制度，结合本地区实际，会同同级农业农村部门制定具体实施细则。

第四十六条　本制度由财政部会同农业农村部负责解释。

第四十七条　本制度自 2023 年 1 月 1 日起施行。此前财政部印发的《农民专业合作社财务会计制度（试行）》（财会〔2007〕15 号）与本制度规定不一致的，以本制度为准。①

---

① 　参见《中华人民共和国农民专业合作社法》中国政府网，https：//www.gov.cn/。

附录四 《农民专业合作社会计制度》

（财会〔2021〕37 号）

第一章 总则

第一条 为了规范农民专业合作社会计工作，加强农民专业合作社会计核算，保护农民专业合作社及其成员的合法权益，根据《中华人民共和国会计法》、《中华人民共和国农民专业合作社法》等有关规定，结合农民专业合作社的实际情况，制定本制度。

第二条 本制度适用于依照《中华人民共和国农民专业合作社法》设立，并取得法人资格的农民专业合作社和农民专业合作社联合社（以下统称合作社）。

第三条 合作社应当根据本制度规定和会计业务需要，设置会计账簿，配备必要的会计人员，或者按规定委托代理记账，进行会计核算。

第四条 合作社应当按照本制度规定，设置和使用会计科目，填制会计凭证，登记会计账簿，编制财务报表。

第五条 合作社的会计核算应当以持续经营为前提。

第六条 合作社的会计核算应当划分会计期间，分期结算账目和编制财务报表。会计期间分为年度和中期，中期是指短于一个完整的会计年度的报告期间。会计年度自公历 1 月 1 日起至 12 月 31 日止。

第七条 合作社的会计核算应当以货币计量，以人民币"元"为金额单位，"元"以下填至"分"。

第八条 合作社的会计核算采用权责发生制。会计记账方法采用借贷记账法。

第九条 合作社的会计要素包括资产、负债、所有者权益、收入、费用和盈余。

第十条 合作社应当以实际发生的交易或者事项为依据进行会计核算，如实反映合作社的财务状况和经营成果。

合作社应当按照交易或者事项的经济实质进行会计核算，不应仅以交易或者事项的法律形式为依据。

第十一条 合作社的会计核算应当按照规定的会计处理方法进行。会计处理方法前后各期应当保持一致，不得随意变更。

第十二条 合作社的会计核算应当及时进行，不得提前或者延后。

合作社在进行会计核算时应当保持应有的谨慎，不得多计资产或者收益、少计负债或者费用。

第十三条 合作社提供的会计信息应当清晰明了，便于理解和使用。

第二章 资产

第十四条 合作社的资产，是指合作社过去的交易或者事项形成的、由合作社拥有或者控制的、预期会给合作社带来经济利益的资源。

第十五条 合作社的资产按照流动性可分为流动资产和非流动资产。合作社的资产应当按照成本计量。

流动资产是指预计在1年内（含1年）变现、出售或耗用的资产，包括库存现金、银行存款、应收款项、存货、消耗性生物资产等。

非流动资产是指流动资产以外的资产，包括对外投资、生产性生物资产、固定资产、无形资产、公益性生物资产、长期待摊费用等。

第十六条 合作社的应收款项包括与成员和非成员之间发生的各项应收及暂付款项。

应收款项应当按照发生额入账。确实无法收回的应收款项，应当计入其他支出。

第十七条 合作社的存货包括材料、农产品、工业产成品、低值易耗品、包装物等产品物资，在产品，受托代销商品、受托代购商品、委托代销商品和委托加工物资等。

存货按照下列原则计价：

（一）购入的物资应当按照购买价款、应支付的相关税费、运输费、装卸费、运输途中的合理损耗以及外购过程发生的其他直接费用计价。

（二）受托代购商品视同购入的物资计价。

（三）生产入库的农产品和工业产成品，应当按照生产过程中发生的实际支出计价。

（四）委托加工物资验收入库时，应当按照委托加工物资的成本和实际支付的全部费用计价。

（五）受托代销商品应当按照合同或协议约定的价格计价，出售受托代销商品时，实际收到的价款大于合同或协议约定价格的差额计入经营收入，实际收到的价款小于合同或协议约定价格的差额计入经营支出。

（六）委托代销商品应当按照委托代销商品的实际成本计价。

（七）成员出资投入的存货，应当根据有关规定和合作社章程规定，按照有关凭据注明的金额加上相关税费、运输费等计价；没有相关凭据的，经过全体成员评估作价或由第三方机构评估作价、成员大会或者成员代表大会（以下简称成员（代表）大会）表决通过后，按照全体成员确认的价值计价。

（八）盘盈的存货，应当按照同类或类似存货的市场价格或评估价值计价。

第十八条 合作社应当采用先进先出法、加权平均法或者个别计价法确定领用或出售的出库存货成本。计价方法一经确定，不得随意变更。

第十九条 合作社的存货发生毁损或报废时，处置收入、可收回的责任人和保险公司赔偿的金额扣除其成本、相关税费和清理费用后的净额，应当计入其他收入或其他支出。

盘盈存货实现的收益应当计入其他收入。

盘亏存货发生的损失应当计入其他支出。

第二十条 合作社的对外投资包括依法出资设立或者加入农民专业合作社联合社（以下简称联合社），以及采用货币资金、实物资产、无形资产等向其他单位投资等。

对外投资按照下列原则计价：

（一）以现金、银行存款等货币资金方式向联合社或其他单位投资的，应当按照实际支付的款项和相关税费计价。

（二）以实物资产（含生物资产，下同）、无形资产等非货币性资产方式向联合社或其他单位投资的，应当按照评估确认或者合同、协议约定的价值和相关税费计价，实物资产、无形资产等重估确认价值与其账面价值之间的差额，计入资本公积。

第二十一条 合作社对外投资取得的盈余返还和盈余分配、分得的现金股利或利润、利息等计入投资收益。

到期收回或中途转让对外投资时，按照实际收到的价款与其账面余额的差额，计入投资收益。

第二十二条 合作社的生物资产包括消耗性生物资产、生产性生物资产和公益性生物资产。消耗性生物资产包括生长中的大田作物、蔬菜、用材林以及存栏待售的牲畜、鱼虾贝类等为出售而持有的、或在将来收获为农产品的生物资产。生产性生物资产包括经济林、薪炭林、产畜和役畜等为产出农产品、提供劳务或出租等目的而持有的生物资产。公益性生物资产包括防风固沙林、水土保持林和水源涵养林等以防护、环境保护为主要目的的生物资产。

生物资产按照下列原则计价：

（一）购入的生物资产应当按照购买价款、应支付的相关税费、运输费以及外购过程发生的其他直接费用计价。

（二）自行栽培、营造、繁殖或养殖的消耗性生物资产，应当按照下列规定确定其成本：

自行栽培的大田作物和蔬菜的成本，包括在收获前耗用的种子、肥料、农药等材料费、人工费和应分摊的间接费用等必要支出。

自行营造的林木类消耗性生物资产的成本，包括郁闭前发生的造林费、抚育费、营林设施费、良种试验费、调查设计费和应分摊的间接费用等必要支出。

自行繁殖的育肥畜的成本，包括出售前发生的饲料费、人工费和应分摊的间接费用等必要支出。

水产养殖的动物和植物的成本，包括在出售或入库前耗用的苗种、饲料、肥料等材料费、人工费和应分摊的间接费用等必要支出。

（三）自行营造或繁殖的生产性生物资产，应当按照下列规定确定其成本：

自行营造的林木类生产性生物资产的成本，包括达到预定生产经营目的前发生的造林费、抚育费、营林设施费、良种试验费、调查设计费和应分摊的间接费用等必要支出。

自行繁殖的产畜和役畜的成本，包括达到预定生产经营目的（成龄）前发生的饲料费、人工费和应分摊的间接费用等必要支出。

达到预定生产经营目的，是指生产性生物资产进入正常生产期，可以多年连续稳定产出农产品、提供劳务或出租。

（四）自行营造的公益性生物资产，应当按照郁闭前发生的造林费、抚育费、森林保护费、营林设施费、良种试验费、调查设计费和应分摊的间接费用等必要支出计价。

（五）成员出资投入的生物资产，应当根据有关规定和合作社章程规定，按照有关凭据注明的金额加上相关税费、运输费等计价；没有相关凭据的，经过全体成员评估作价或由第三方机构评估作价、成员（代表）大会表决通过后，按照全体成员确认的价值计价。

（六）收到国家财政直接补助的生物资产（包括以前年度收到或形成但尚未入账的）或者他人捐赠的生物资产，应当按照有关凭据注明的金额加上相关税费、运输费等计价；没有相关凭据的，按照资产评估价值或者比照同类或类似生物资产的市场价格，加上相关税费、运输费等计价。如无法采用上述方法计价的，应当按照名义金额（人民币1元，下同）计价，相关税费、运输费等计入其他支出，同时在备查簿中登记说明。

第二十三条　合作社应当对所有达到预定生产经营目的的生产性生物资产计提折旧，但以名义金额计价的生产性生物资产除外。

对于达到预定生产经营目的的生产性生物资产，合作社应当对生产性生物资产原价（成本）扣除其预计净残值后的部分在生产性生物资产使用寿命内按照年限平均法或工作量法计提折旧，并根据其受益对象计入相关资产成本或者当期损益。

合作社应当根据生产性生物资产的性质和使用情况，合理确定生产性生物资产的使用寿命和预计净残值。生产性生物资产的使用寿命、预计净残值和折旧方法一经确定，不得随意变更。

合作社应当按月计提生产性生物资产折旧，当月增加的生产性生物资产，当月不计提折旧，从下月起计提折旧；当月减少的生产性生物资产，当月仍计提折旧，从下月起不再计提折旧。生产性生物资产提足折旧后，不论能否继续使用，均不再计提折旧；提前处置的生产性生物资产，也不再补提折旧。

第二十四条　合作社的生物资产死亡毁损时，处置收入、可收回的责任人和保险公司赔偿的金额扣除其账面价值、相关税费和清理费用后的净额，应当计入其他收入或其他支出。

生产性生物资产的账面价值，是指生产性生物资产原价（成本）扣减累计折旧后的金额。

第二十五条　合作社的固定资产包括房屋、建筑物、机器、设备、工具、器具和农业农村基础设施等。

固定资产按照下列原则计价：

（一）购入的固定资产，不需要安装的，应当按照购买价款和采购费、应支付的相关税费、包装费、运输费、装卸费、保险费以及外购过程发生的其他直接费用计价；需要安装或改装的，还应当加上安装费或改装费。

（二）新建的房屋及建筑物、农业农村基础设施等固定资产，应当按照竣工验收的决算价计价。

（三）成员出资投入的固定资产，应当根据有关规定和合作社章程规定，按照有关凭据注明的金额加上相关税费、运输费等计价；没有相关凭据的，经过全体成员评估作价或由第三方机构评估作价、成员（代表）大会表决通过后，按照全体成员确认的价值计价。

（四）收到国家财政直接补助的固定资产（包括以前年度收到或形成但尚未入账的）或者他人捐赠的固定资产，应当按照有关凭据注明的金额加上相关税费、运输费等计价；没有相关凭据的，按照资产评估价值或者比照同类或类似固定资产的市场价格，加上相关税费、运输费等计价。如无法采用上述方法计价的，应当按照名义金额计价，相关税费、运输费等计入其他支出，同时在备查簿中登记说明。

（五）盘盈的固定资产，应当按照同类或类似固定资产的市场价格或评估价值，扣除按照该项固定资产新旧程度估计的折旧后的余额计价。

第二十六条 合作社应当对所有的固定资产计提折旧，但以名义金额计价的固定资产除外。

合作社应当对固定资产原价（成本）扣除其预计净残值后的部分在固定资产使用寿命内按照年限平均法或工作量法计提折旧，并根据固定资产的受益对象计入相关资产成本或者当期损益。

合作社应当根据固定资产的性质和使用情况，合理确定固定资产的使用寿命和预计净残值。固定资产的使用寿命、预计净残值和折旧方法一经确定，不得随意变更。

合作社应当按月计提固定资产折旧，当月增加的固定资产，当月不计提折旧，从下月起计提折旧；当月减少的固定资产，当月仍计提折旧，从下月起不再计提折旧。固定资产提足折旧后，不论能否继续使用，均不再计提折旧；提前报废的固定资产，也不再补提折旧。

第二十七条　固定资产的修理费用直接计入有关支出项目。固定资产的改建支出，应当计入固定资产的成本，并按照重新确定的固定资产成本以及重新确定的折旧年限计算折旧额；但已提足折旧的固定资产改建支出应当计入长期待摊费用，并按照固定资产预计尚可使用年限采用年限平均法分期摊销。

固定资产的改建支出，是指改变房屋或者建筑物结构、延长使用年限等发生的支出。

第二十八条　合作社处置固定资产时，处置收入扣除其账面价值、相关税费和清理费用后的净额，应当计入其他收入或其他支出。

固定资产的账面价值，是指固定资产原价（成本）扣减累计折旧后的金额。

盘盈固定资产实现的收益应当计入其他收入。

盘亏固定资产发生的损失应当计入其他支出。

第二十九条　合作社的在建工程是指尚未完工的工程项目。在建工程按实际发生的支出或应支付的工程价款计价。形成固定资产的在建工程完工交付使用时，计入固定资产。

在建工程部分发生报废或者毁损，按照扣除残料价值、责任人和保险公司赔偿后的净损失，计入工程成本。单项工程报废以及由于自然灾害等非常原因造成的报废或者毁损，其净损失计入其他支出。

第三十条　合作社的无形资产包括专利权、商标权、著作权、非专利技术、土地经营权、林权、草原使用权等。

无形资产按照下列原则计价：

（一）购入的无形资产应当按照购买价款、应支付的相关税费以及相关的其他直接费用计价。

（二）自行开发并按法律程序申请取得的无形资产，应当按照依法取得时发生的注册费、律师费等实际支出计价。

（三）成员出资投入的无形资产，应当根据有关规定和合作社章程规定，按照有关凭证注明的金额加上相关税费等计价；没有相关凭证的，经过全体成员评估作价或由第三方机构评估作价、成员（代表）大会表决通过后，按照全体成员确认的价值计价。

（四）收到国家财政直接补助的无形资产（包括以前年度收到或形成但尚未入账的）或者他人捐赠的无形资产，应当按照有关凭据注明的金额加上相关税费等计价；没有相关凭据的，按照资产评估价值或者比照同类或类似无形资产的市场价格，加上相关税费等计价。如无法采用上述方法计价的，应当按照名义金额计价，相关税费等计入其他支出，同时在备查簿中登记说明。

第三十一条　合作社的无形资产应当从使用之日起进行摊销，但以名义金额计价的无形资产除外。

合作社应当对无形资产在其使用寿命内采用年限平均法等合理方法进行摊销，并根据无形资产的受益对象计入相关资产成本或者当期损益。无形资产的摊销期自可供使用时开始至停止使用或出售时止，并应当符合有关法律法规规定或合同约定的使用年限。无形资产的使用寿命和摊销方法一经确定，不得随意变更。

第三十二条　合作社处置无形资产时，处置收入扣除其账面价值、相关税费等后的净额，应当计入其他收入或其他支出。

无形资产的账面价值，是指无形资产成本扣减累计摊销后的金额。

第三十三条　合作社对接受国家财政直接补助和他人捐赠形成的扶贫项目资产，还应当设置备查簿进行登记管理。

第三十四条　每年年度终了，合作社应当对应收款项、存货、对外投资、生物资产、固定资产、在建工程、无形资产等资产进行全面清查，对于已发生损失但尚未批准核销的相关资产，应当在财务报表附注中予以披露。

第三章　负债

第三十五条　合作社的负债，是指合作社过去的交易或者事项形成的、预期会导致经济利益流出合作社的现时义务。

第三十六条 合作社的负债按照流动性可分为流动负债和非流动负债。

流动负债是指偿还期在 1 年内（含 1 年）的债务，包括短期借款、应付款项、应付工资、应付劳务费、应交税费、应付利息、应付盈余返还、应付剩余盈余等。

非流动负债是指偿还期在 1 年以上的债务，包括长期借款、专项应付款等。

第三十七条 合作社的负债按照实际发生额计价。

合作社应当在应付利息日，对借款按照借款本金和借款合同利率计提利息费用，计入财务费用。

合作社的应付款项包括与成员和非成员之间发生的各项应付及暂收款项。对发生因债权人特殊原因等确实无法支付的或者债权人对合作社债务豁免的应付款项，应当计入其他收入。

第三十八条 合作社的应付工资，是指合作社为获得管理人员、固定员工等职工提供的服务而应付给职工的各种形式的报酬以及其他相关支出。

合作社的应付劳务费，是指合作社为获得季节性用工等临时性工作人员提供的服务而应支付的各种形式的报酬以及其他相关支出。

第四章 所有者权益

第三十九条 合作社的所有者权益，是指合作社资产扣除负债后由成员享有的剩余权益。

合作社的所有者权益包括股金、专项基金、资本公积、盈余公积、未分配盈余等。

第四十条 合作社收到成员出资投入的资产，应当按照确定的成本计入相关资产，按照该成员应享有合作社成员出资总额的份额计算的金额计入股金，两者之间的差额计入资本公积。

合作社按照法定程序减少成员出资总额或成员退股时，应当减少股金。

第四十一条　合作社接受国家财政直接补助形成的生物资产、固定资产、无形资产等，以及接受他人捐赠、用途不受限制或已按约定使用的资产计入专项基金。

第四十二条　合作社可以按照章程规定或者成员大会决议，从本年盈余中提取公积金，计入盈余公积。

第五章　成本、收入和费用

第四十三条　合作社的生产成本，是指合作社直接组织生产或对外提供服务等活动所发生的各项生产费用和服务成本。

合作社直接组织生产产品的成本主要包括农产品生产成本、工业产品生产成本等。农产品生产成本包括直接材料费、直接人工费、其他直接费用和间接费用等。工业产品生产成本包括直接材料费、燃料和动力、直接人工费、其他直接费用和间接费用等。

合作社对外提供服务的成本包括提供服务的直接耗费及提供服务人员的培训费、工资福利、差旅费、保险费等。

第四十四条　合作社应当强化成本意识，加强成本核算。

第四十五条　合作社的收入，是指合作社在日常活动中形成的、会导致所有者权益增加的、与成员投入资本无关的经济利益的总流入。

第四十六条　合作社的收入包括经营收入和其他收入。

经营收入包括合作社提供农业生产资料的购买、使用，农产品的生产、销售、加工、运输、贮藏以及与农业生产经营有关的技术、信息、设施建设运营等服务，开发经营农村民间工艺及制品、休闲农业和乡村旅游资源等，以及销售本社产品取得的收入。

其他收入包括盘盈收益、确实无法支付的应付款项等除经营收入以外的收入。

第四十七条　合作社的经营收入一般应当于产品物资已经发出，服务已经提供，同时收讫价款或取得收取价款的凭据时予以确认。

合作社的其他收入一般应当于收入实现时予以确认。

第四十八条　合作社应当按照从购买方已收或应收的合同或协议价款，确定收入金额。

第四十九条　合作社的费用，是指合作社在日常活动中发生的、会导致所有者权益减少的、与向成员分配盈余无关的经济利益的总流出。

第五十条　合作社的费用包括经营支出、税金及附加、管理费用、财务费用和其他支出等。

经营支出包括合作社提供农业生产资料的购买、使用，农产品的生产、销售、加工、运输、贮藏以及与农业生产经营有关的技术、信息、设施建设运营等服务，开发经营农村民间工艺及制品、休闲农业和乡村旅游资源等，以及销售本社产品发生的实际支出。

税金及附加包括合作社从事生产经营活动按照税法的有关规定应负担的消费税、城市维护建设税、资源税、房产税、土地使用税、车船使用税、印花税、教育费附加及地方教育费附加等相关税费。

管理费用包括管理人员的工资、办公费、差旅费，业务招待费，管理用固定资产的折旧、无形资产摊销等为组织和管理生产经营活动发生的支出。

财务费用包括利息费用（减利息收入）、银行相关手续费等为筹集生产经营所需资金发生的支出。

其他支出包括生物资产的死亡毁损支出、损失，固定资产及产品物资等的盘亏、损失，防灾抢险支出，安全生产支出，环境保护支出，罚款支出，捐赠支出，确实无法收回的应收款项损失等。

第五十一条　合作社的费用一般应当在发生时按照其发生额计入当期损益。

第六章　盈余及盈余分配

第五十二条　合作社的盈余，是指合作社在一定会计期间的经营成果。

合作社的本年盈余按照下列公式计算：

本年盈余=经营收益+其他收入-其他支出-所得税费用

其中：

经营收益=经营收入+投资收益-经营支出-税金及附加-管理费用-财务费用

投资收益是指投资所取得的收益扣除发生的投资损失后的数额。投资所取得的收益包括对外投资分得的利润、盈余返还和盈余分配、现金股利和债券利息，以及对外投资到期收回或中途转让取得款项高于账面余额的差额等。投资损失包括对外投资到期收回或中途转让取得款项低于账面余额的差额等。

第五十三条　合作社应当按照税法有关规定计算的当期应纳税额，确认所得税费用。

合作社应当在盈余总额的基础上，按照税法有关规定进行纳税调整，计算出当期应纳税所得额，按照应纳税所得额与适用所得税税率为基础计算确定当期应纳税额。

第五十四条　合作社在弥补亏损、提取公积金后剩余的本年盈余为可分配盈余。合作社按照有关法律法规和合作社章程规定向成员进行盈余返还和盈余分配、或者将全部或部分可分配盈余转为成员对合作社的出资时，应当减少可分配盈余。

第七章　财务报表

第五十五条　财务报表是对合作社财务状况、经营成果等的结构性表述，包括会计报表及其附注。

第五十六条　合作社的会计报表包括资产负债表、盈余及盈余分配表、成员权益变动表等。

资产负债表，是指反映合作社在某一特定日期财务状况的报表。

盈余及盈余分配表，是指反映合作社在一定会计期间内盈余实现及其分配情况的报表。

成员权益变动表，是指反映合作社成员权益增减变动和在某一特定日期权益情况的报表。

第五十七条　合作社应当为每个成员设立成员账户。

成员账户是全面反映合作社成员对合作社的出资额、量化到该成员的公积金份额、本社接受国家财政直接补助形成的财产量化到该成员的份额、本社接受他人捐赠形成的财产量化到该成员的份额、该成员与本社的交易量（额）以及本社对该成员的盈余返还和剩余盈余分配的账户。

第五十八条　附注，是指对在资产负债表、盈余及盈余分配表、成员权益变动表等会计报表中列示项目的文字描述或明细资料，以及对未能在这些会计报表中列示项目的说明等。

附注应当按照下列顺序披露：

（一）遵循农民专业合作社会计制度的声明。

（二）合作社的基本情况。

（三）成员权益结构。

（四）会计报表重要项目的进一步说明。

（五）已发生损失但尚未批准核销的相关资产名称、金额等情况及说明。

（六）以名义金额计量的资产名称、数量等情况，以及以名义金额计量理由的说明。

（七）其他重要事项。

（八）对已在资产负债表、盈余及盈余分配表中列示项目与企业所得税法规定存在差异的纳税调整过程。

（九）根据国家有关法律法规等规定，需要在附注中说明的其他事项。

第五十九条　合作社对会计政策变更、会计估计变更和会计差错更正应当采用未来适用法进行会计处理。

会计政策，是指合作社在会计确认、计量和报告中所采用的原则、基础和会计处理方法。会计估计变更，是指由于资产和负债的当前状况及预期经济利益和义务发生了变化，从而对资产或负债的账面价值或者资产的定期消耗金额进行调整。前期差错包括计算错误、应用会计政策错误、应用会计估计错误等。未来适用法,是指将变更后的会计政策和会计估计应用于变更日及以后发生的交易或者事项,或者在会计差错发生或发现的当期更正差错的方法。

第八章 附则

第六十条 合作社填制会计凭证、登记会计账簿、管理会计档案等,应当按照《会计基础工作规范》、《会计档案管理办法》等规定执行。

第六十一条 本制度自 2023 年 1 月 1 日起施行。此前财政部印发的《农民专业合作社财务会计制度(试行)》(财会〔2007〕15 号)与本制度规定不一致的,以本制度为准。

附录:合作社会计科目和财务报表

一、会计科目

本制度统一规定合作社会计科目的名称和编号,以便于填制会计凭证,登记会计账簿,查阅会计账目,实行会计信息化管理。合作社不存在的交易或者事项,可不设置相关会计科目;合作社在不违反本制度中确认、计量和报告规定的前提下,可以根据本社的实际情况自行增设必要的会计科目;对于明细科目,合作社可以比照本附录中的规定自行设置。

(一)会计科目名称和编号

顺序	编号	会计科目名称
		一、资产类科目
1	101	库存现金
2	102	银行存款
3	113	应收款

顺序	编号	会计科目名称
4	114	成员往来
5	121	产品物资
6	124	委托加工物资
7	125	委托代销商品
8	127	受托代购商品
9	128	受托代销商品
10	131	对外投资
11	141	消耗性生物资产
12	142	生产性生物资产
13	143	生产性生物资产累计折旧
14	144	公益性生物资产
15	151	固定资产
16	152	累计折旧
17	153	在建工程
18	154	固定资产清理
19	155	无形资产
20	156	累计摊销
21	157	长期待摊费用
22	158	待处理财产损溢
		二、负债类科目
23	201	短期借款
24	211	应付款
25	212	应付工资
26	213	应付劳务费
27	214	应交税费
28	215	应付利息
29	221	应付盈余返还
30	222	应付剩余盈余
31	231	长期借款
32	235	专项应付款

顺序	编号	会计科目名称
		三、所有者权益类科目
33	301	股金
34	311	专项基金
35	321	资本公积
36	322	盈余公积
37	331	本年盈余
38	332	盈余分配
		四、成本类科目
39	401	生产成本
		五、损益类科目
40	501	经营收入
41	502	其他收入
42	511	投资收益
43	521	经营支出
44	522	税金及附加
45	523	管理费用
46	524	财务费用
47	529	其他支出
48	531	所得税费用

注：合作社在经营中涉及使用外埠存款、银行汇票存款、银行本票存款、信用卡存款、信用证保证金存款、尚未转入银行存款的支付宝或微信收付款等第三方支付平台账户余额等各种其他货币资金的，可增设"其他货币资金"科目（科目编号109）；合作社在经营中大量使用包装物，需要单独对其进行核算的，可增设"包装物"科目（科目编号122）。

二、财务报表

合作社应当根据本制度有关财务报表的编制基础、编制依据、编制原则和方法的要求，提供真实、完整的财务报表，不得随意改变财务报表的编制基础、编制依据、编制原则和方法，不得随意改变本制度规定的财务报表有关数据的会计口径。

（一）合作社资产负债表格式及编制说明

资产负债表

_____年____月____日

会农社 01 表

编制单位：

单位：元

资　　产	行次	期末余额	年初余额	负债和所有者权益	行次	期末余额	年初余额
流动资产：				流动负债：			
货币资金	1			短期借款	23		
应收款项	2			应付款项	24		
存货	3			应付工资	25		
消耗性生物资产	4			应付劳务费	26		
流动资产合计	5			应交税费	27		
非流动资产：				应付利息	28		
对外投资	6			应付盈余返还	29		
生产性生物资产原值	6			应付剩余盈余	3		
减：生产性生物资产累计折旧	8			流动负债合计	31		
生产性生物资产净值	9			非流动负债：			
固定资产原值	10			长期借款	32		
减：累计折旧	11			专项应付款	33		
固定资产净值	1			非流动负债合计	3		
在建工程	13			负债合计	35		
固定资产清理	14						
固定资产小计	15			所有者权益：			
无形资产原值	16			股金	36		
减：累计摊销	17			专项基金	37		
无形资产净值	18			资本公积	38		
公益性生物资产	19			盈余公积	39		
长期待摊费用	20			未分配盈余	40		
非流动资产合计	21			所有者权益合计	41		
资产总计	22			负债和所有者权益总计	42		

资产负债表编制说明：

1. 本表反映合作社一定日期全部资产、负债和所有者权益状况。

2. 本表"年初余额"栏各项目数字，应根据上年末资产负债表"期末余额"栏内所列数字填列。如果本会计期间资产负债表规定的各个项目的名称和内容同上一会计期间不相一致，应对上年末资产负债表各项目的名称和数字按照本会计期间的规定进行调整，填入本表"年初余额"栏内，并加以书面说明。

3. 本表"期末余额"栏各项目的内容及其填列方法：

（1）"货币资金"项目，反映合作社库存现金、银行结算账户存款等货币资金的合计数。本项目应根据"库存现金"、"银行存款"等科目的期末余额合计填列。

（2）"应收款项"项目，反映合作社应收而未收回及暂付的各种款项。本项目应根据"应收款"科目期末余额和"成员往来"各明细科目期末借方余额合计数合计填列。

（3）"存货"项目，反映合作社期末在库、在途和在加工中的各项存货的价值，包括材料、农产品、工业产成品、低值易耗品、包装物等产品物资，在产品，受托代销商品、受托代购商品、委托代销商品和委托加工物资等。本项目应根据"产品物资"、"委托加工物资"、"委托代销商品"、"受托代购商品"、"受托代销商品"、"生产成本"等科目的期末余额合计填列。

（4）"消耗性生物资产"项目，反映合作社各种消耗性生物资产的账面余额。本项目应根据"消耗性生物资产"科目的期末余额填列。

（5）"流动资产合计"项目，反映合作社期末流动资产的合计数。本项目应根据本表中"货币资金"、"应收款项"、"存货"、"消耗性生物资产"项目金额的合计数填列。

（6）"对外投资"项目，反映合作社各种对外投资的账面余额。本项目应根据"对外投资"科目的期末余额填列。

（7）"生产性生物资产原值"项目、"生产性生物资产累计折旧"项目和"生产性生物资产净值"项目，反映合作社各种生产性生物资产的原价（成本）、累计折旧及账面价值。这三个项目应根据"生产性生物资产"科目和"生产性生物资产累计折旧"科目的期末余额分析填列。

（8）"固定资产原值"项目、"累计折旧"项目和"固定资产净值"项目，反映合作社各种固定资产的原价（成本）、累计折旧及账面价值。这三个项目应根据"固定资产"科目和"累计折旧"科目的期末余额分析填列。

（9）"在建工程"项目，反映合作社各项尚未完工的工程项目实际成本。本项目应根据"在建工程"科目的期末余额填列。

（10）"固定资产清理"项目，反映合作社因出售、报废、毁损等原因转入清理但尚未清理完毕的固定资产的账面价值，以及固定资产清理过程中所发生的费用等。本项目应根据"固定资产清理"科目的期末借方余额填列；如为贷方余额，本项目数字以"-"号填列。

（11）"固定资产小计"项目，反映合作社期末固定资产、在建工程、转入清理但尚未清理完毕的固定资产的小计数。本项目应根据本表中"固定资产净值"、"在建工程"、"固定资产清理"项目金额的合计数填列。

（12）"无形资产原值"项目、"累计摊销"项目和"无形资产净值"项目，反映合作社各种无形资产的成本、累计摊销及账面价值。这三个项目应根据"无形资产"科目和"累计摊销"科目的期末余额分析填列。

（13）"公益性生物资产"项目反映合作社各种公益性生物资产的账面余额。本项目应根据"公益性生物资产"科目的期末余额填列。

（14）"长期待摊费用"项目，反映合作社尚未摊销完毕的长期待摊费用。本项目应根据"长期待摊费用"科目的期末余额填列。

（15）"非流动资产合计"项目，反映合作社期末非流动资产的合计数。本项目应根据本表中"对外投资"、"生产性生物资产净值"、"固定资产小计"、"无形资产净值"、"公益性生物资产"、"长期待摊费用"项目金额的合计数填列。

（16）"资产总计"项目，反映合作社期末资产的合计数。本项目应根据本表中"流动资产合计"和"非流动资产合计"项目金额的合计数填列。

（17）"短期借款"项目，反映合作社借入的期限在1年以下（含1年）、尚未偿还的借款。本项目应根据"短期借款"科目的期末余额填列。

（18）"应付款项"项目，反映合作社应付而未付及暂收的各种款项。本项目应根据"应付款"科目期末余额和"成员往来"各明细科目期末贷方余额合计数合计填列。

（19）"应付工资"项目，反映合作社已提取但尚未支付的管理人员、固定员工等职工的工资。本项目应根据"应付工资"科目的期末余额填列。

（20）"应付劳务费"项目，反映合作社已提取但尚未支付的季节性用工等临时性工作人员的劳务费。本项目应根据"应付劳务费"科目的期末余额填列。

（21）"应交税费"项目，反映合作社期末未缴纳、多缴纳或未抵扣的各种税费。本项目应根据"应交税费"科目的期末贷方余额填列；如为借方余额，本项目数字以"-"号填列。

（22）"应付利息"项目，反映合作社已提取但尚未支付的利息费用。本项目应根据"应付利息"科目的期末余额填列。

（23）"应付盈余返还"项目，反映合作社应支付但尚未支付给成员的盈余返还。本项目应根据"应付盈余返还"科目的期末余额填列。

（24）"应付剩余盈余"项目，反映合作社应支付但尚未支付给成员的剩余盈余。本项目应根据"应付剩余盈余"科目的期末余额填列。

（25）"流动负债合计"项目，反映合作社期末流动负债的合计数。本项目应根据本表中"短期借款"、"应付款项"、"应付工资"、"应付劳务费"、"应交税费"、"应付利息"、"应付盈余返还"、"应付剩余盈余"项目金额的合计数填列。

（26）"长期借款"项目，反映合作社借入的期限在 1 年以上、尚未偿还的借款。本项目应根据"长期借款"科目的期末余额填列。

（27）"专项应付款"项目，反映合作社实际收到国家财政直接补助资金而尚未使用和结转的资金数额。本项目应根据"专项应付款"科目的期末余额填列。

（28）"非流动负债合计"项目，反映合作社期末非流动负债的合计数。本项目应根据本表中"长期借款"和"专项应付款"项目金额的合计数填列。

（29）"负债合计"项目，反映合作社期末负债的合计数。本项目应根据本表中"流动负债合计"和"非流动负债合计"项目金额的合计数填列。

（30）"股金"项目，反映合作社实际收到成员投入的股金总额。本项目应根据"股金"科目的期末余额填列。

（31）"专项基金"项目，反映合作社接受国家财政直接补助转入和他人捐赠形成的专项基金总额。本项目应根据"专项基金"科目的期末余额填列。

（32）"资本公积"项目，反映合作社资本公积的账面余额。本项目应根据"资本公积"科目的期末余额填列。

（33）"盈余公积"项目，反映合作社盈余公积的账面余额。本项目应根据"盈余公积"科目的期末余额填列。

（34）"未分配盈余"项目，反映合作社尚未分配的历年累计盈余。本项目应根据"本年盈余"科目和"盈余分配"科目的期末余额计算填列；如为未弥补的亏损，本项目数字以"－"号填列。

（35）"所有者权益合计"项目，反映合作社期末所有者权益的合计数。本项目应根据本表中"股金"、"专项基金"、"资本公积"、"盈余公积"、"未分配盈余"项目金额的合计数填列。

（36）"负债和所有者权益总计"项目，反映合作社期末负债和所有者权益的合计数。本项目应根据本表中"负债合计"和"所有者权益合计"项目金额的合计数填列。

（二）合作社盈余及盈余分配表格式及编制说明

盈余及盈余分配表

_____年度

会农社 02 表

编制单位：   单位：元

项目	行次	本年金额	上年金额
一、经营收入	1		
加：投资收益	2		
减：经营支出	3		
税金及附加	4		
管理费用	5		
财务费用	6		
二、经营收益	7		
加：其他收入	8		
减：其他支出	9		
三、盈余总额	10		
减：所得税费用	11		
四、本年盈余	12		
加：年初未分配盈余	13		
其他转入	14		
减：提取盈余公积	15		
五、可分配盈余	16		
减：盈余返还	17		
剩余盈余分配	18		
转为成员出资	19		
六、年末未分配盈余	20		

盈余及盈余分配表编制说明：

1. 本表反映合作社一定会计期间内盈余实现及其分配的实际情况。

2. 本表"上年金额"栏各项目数字，应根据上年度盈余及盈余分配表"本年金额"栏内各对应项目数字填列。

3. 本表"本年金额"栏各项目的内容及其填列方法：

（1）"经营收入"项目，反映合作社进行生产、销售、服务等主要生产经营活动取得的收入总额。本项目应根据"经营收入"科目的发生额分析填列。

（2）"投资收益"项目，反映合作社以各种方式对外投资所取得的收益。本项目应根据"投资收益"科目的发生额分析填列。如为投资损失，本项目数字以"－"号填列。

（3）"经营支出"项目，反映合作社进行生产、销售、服务等主要生产经营活动发生的支出。本项目应根据"经营支出"科目的发生额分析填列。

（4）"税金及附加"项目，反映合作社从事生产经营活动按照税法的有关规定应负担的消费税、城市维护建设税、资源税、房产税、土地使用税、车船使用税、印花税、教育费附加及地方教育费附加等相关税费。本项目应根据"税金及附加"科目的发生额分析填列。

（5）"管理费用"项目，反映合作社为组织和管理生产经营活动而发生的费用。本项目应根据"管理费用"科目的发生额分析填列。

（6）"财务费用"项目，反映合作社为筹集生产经营所需资金发生的支出。本项目应根据"财务费用"科目的发生额分析填列。

（7）"经营收益"项目，反映合作社当期通过生产经营活动实现的收益。本项目应根据本表中"经营收入"、"投资收益"项目金额之和减去"经营支出"、"税金及附加"、"管理费用"、"财务费用"项目金额后的余额填列。如为经营亏损，本项目数字以"－"号填列。

（8）"其他收入"项目和"其他支出"项目，分别反映合作社除生产经营活动以外而取得的收入和发生的支出。这两个项目应分别根据"其他收入"科目和"其他支出"科目的发生额分析填列。

（9）"盈余总额"项目，反映合作社当期实现的盈余总额。本项目应根据本表中"经营收益"、"其他收入"项目金额之和减去"其他支出"项目金额后的余额填列。如为亏损总额，本项目数字以"－"号填列。

（10）"所得税费用"项目，反映合作社根据企业所得税法规定应从盈余总额中扣除的所得税费用。本项目应根据"所得税费用"科目的发生额分析填列。

（11）"本年盈余"项目，反映合作社本年实现的净盈余。本项目应根据本表中"盈余总额"项目金额减去"所得税费用"项目金额后的余额填列。如为净亏损，本项目数字以"-"号填列。

（12）"年初未分配盈余"项目，反映合作社上年末累计未分配的盈余。本项目应根据上年度盈余及盈余分配表中"年末未分配盈余"项目的金额填列。

（13）"其他转入"项目，反映合作社按规定用公积金弥补亏损等转入的数额。本项目应根据实际转入的公积金数额填列。

（14）"提取盈余公积"项目，反映合作社按规定提取的盈余公积数额。本项目应根据实际提取的盈余公积数额填列。

（15）"可分配盈余"项目，反映合作社年末可供成员分配的盈余。本项目应根据本表中"本年盈余"、"年初未分配盈余"、"其他转入"项目金额之和减去"提取盈余公积"项目金额后的余额填列。

（16）"盈余返还"项目，反映合作社按规定返还给成员的盈余。本项目应根据"盈余分配"科目和"应付盈余返还"科目的相关发生额分析填列。

（17）"剩余盈余分配"项目，反映合作社按规定分配给成员的剩余可分配盈余。本项目应根据"盈余分配"科目和"应付剩余盈余"科目的相关发生额分析填列。

（18）"转为成员出资"项目，反映经成员（代表）大会表决同意，转为成员出资的可分配盈余数额。本项目应根据实际转为成员出资的可分配盈余数额分析填列。

（19）"年末未分配盈余"项目，反映合作社本年末累计未分配的盈余。本项目应根据本表中"可分配盈余"项目金额减去"盈余返还"、"剩余盈余分配"、"转为成员出资"项目金额后的余额填列。如为未弥补的亏损，本项目数字以"-"号填列。

（三）合作社成员权益变动表格式及编制说明

成员权益变动表

_____年度

会农社 03 表

编制单位：　　　　　　　　　　　　　　　　　　　　　　　单位：元

项目	股金	专项基金	资本公积	盈余公积	未分配盈余	合计
年初余额						
本年增加数字数						
	其中：	其中：	其中：	其中：	其中：	
	资本公积转增	接受国家财政直接补助形成	股金溢价	从盈余中提取	本年盈余	
	盈余公积转增	接受他人捐赠形成	资产评估增值		其他转入	
	成员增加出资					
本年减少数						
	其中：		其中：	其中：	其中：	
	成员减少出资		转为成员出资	转为成员出资	提取盈余公积	
			弥补亏损		盈余返还	
					剩余盈余分配	
					转为成员出资	
年末余额						

成员权益变动表编制说明：

1. 本表反映报告年度成员权益的增减变动和年末情况。

2. 本表"年初余额"栏各项目数字，应根据上年度成员权益变动表"年末余额"栏内各对应项目数字填列。

3. 本表"本年增加数"、"本年减少数"栏各项目应根据"股金"、"专项基金"、"资本公积"、"盈余公积"、"盈余分配"等科目的发生额分析填列。

成员账户

_____年度

成员姓名（名称）：　　　　　　　　联系地址：　　　　　　　第　页

编号	日期	摘要	成员出资		公积金份额	接受国家财政直接补助形成财产量化份额	接受他人捐赠形成财产量化份额	交易量		交易额		盈余返还金额	剩余盈余分配金额
			来源于到户类扶贫项目资产的出资额	其他来源的出资额				产品1	产品2	产品1	产品2		
年初余额													
1													
2													
3													
4													
5													
…													
年末余额/总额													

成员账户编制说明：

1. 本表反映成员对合作社的出资额（包括来源于到户类扶贫项目资产的出资额、其他来源的出资额）、量化到该成员的公积金份额、接受国家财政直接补助形成的财产量化到该成员的份额、接受他人捐赠形成的财产量化到该成员的份额、该成员与本社的交易量（额）、本社对该成员的盈余返还和剩余盈余分配金额。

2. 本表"年初金额"栏各项目数字，应根据上年度成员账户"年末余额/总额"栏内所列数字填列。

3. 本年发生变化时，按本表中各项目的实际发生变化数填列调整。"接受国家财政直接补助形成财产量化份额""接受他人捐赠形成财产量化份额"在年度终了，或合作社进行剩余盈余分配时，根据实际发生情况或变化情况计算填列调整。

4. 成员与合作社发生经济业务往来时，"交易量（额）"按实际发生数填列。

（四）附注及编制说明

附注是财务报表的重要组成部分。合作社应当在附注中按照下列顺序至少披露以下内容：

1. 遵循农民专业合作社会计制度的声明。

合作社应当声明编制的财务报表符合农民专业合作社会计制度的要求，真实、完整地反映了合作社的财务状况、经营成果等有关信息。

2. 合作社的基本情况，包括：合作社的股金总额、成员总数、农民成员数及所占的比例、主要服务对象、主要经营项目等情况。

3. 成员权益结构，包括：

（1）理事长、理事、执行监事、监事会名单及变动情况；

（2）各成员的出资额，量化到各成员的公积金份额，以及成员入社和退社情况；

（3）企业、事业单位或者社会组织成员个数及所占的比例；

（4）成员权益变动情况。

4. 会计报表重要项目的进一步说明，包括其主要构成、增减变动情况等。

5. 已发生损失但尚未批准核销的相关资产名称、金额等情况及说明，包括：

（1）确实无法收回的应收款项；

（2）无法收回的对外投资；

（3）毁损和报废的固定资产；

（4）毁损和报废的在建工程；

（5）注销和无效的无形资产；

（6）已发生损失但尚未批准核销的其他资产。

6. 以名义金额计量的资产名称、数量等情况，以及以名义金额计量理由的说明。

7. 其他重要事项，包括：

（1）变更主要生产经营项目；

（2）从事进出口贸易；

（3）重大财产处理、大额举债、对外投资和担保；

（4）接受捐赠；

（5）国家财政支持和税收优惠；

（6）与成员的交易量（额）和与利用其提供的服务的非成员的交易量（额）；

（7）提取盈余公积的比例；

（8）盈余分配方案、亏损处理方案；

（9）未决诉讼、仲裁等。

8. 对已在资产负债表、盈余及盈余分配表中列示项目与企业所得税法规定存在差异的纳税调整过程。

9. 根据国家有关法律法规等规定，需要在附注中说明的其他事项。①

---

① 参见《农民专业合作社会计制度》中国政府网，https：//www.gov.cn/

参考文献

[1] 包玉霞. 浅析农业合作社市场营销现状与发展趋势 [J]. 农家参谋, 2020, 670 (20): 4.

[2] 曹斌, LI Xiaoxue. 日本农协应对农业经营结构变化的措施和启示 [J]. 中国农民合作社, 2022 (08): 1619.

[3] 常浩娟, 赖俊伟, 骆瑞玲等. 农民专业合作社品牌竞争力评价研究——以云南省金平县砂仁合作社为例 [J]. 中南农业科技, 2023, 44 (04): 143-147+161.

[4] "促进农民专业合作社健康发展研究"课题组, 苑鹏, 曹斌等. 空壳农民专业合作社的形成原因、负面效应与应对策略 [J]. 改革, 2019 (04): 39-47.

[5] 陈吉平, 刘宇荧, 傅新红. 合作社社会化服务能促进农户病虫害综合防治技术的采纳吗——来自四川的经验证据 [J]. 中国农业大学学报, 2022, 27 (06): 264-277.

[6] 陈建国, 陈光国, 韩俊. 中华人民共和国农民专业合作社法解读 [M]. 北京: 中国法制出版社, 2018.

[7] 陈荣文. 我国农村合作社法律制度的传承、发展与创新 [D]. 福州: 福建师范大学, 2013.

[8] 陈思同. 乡村振兴视域下农产品市场营销策略分析 [J]. 中国商论, 2023 (19): 82-85.

［9］陈熙悦．农村经济组织中的会计制度与实践研究［J］．农村经济与科技，2023，34（15）：224-227.

［10］陈小云．农民专业合作社：农业技术推广的助推器——泉州市农民专业合作社的调查与思考［J］．科技和产业，2014，14（03）：120-123.

［11］陈训明．农民专业合作社品牌培育影响因素实证分析——以福建省 25 家农业部示范农民专业合作社为例［J］．东南学术，2011（04）：60-69.

［12］丁俊华．中国特色社会主义农业合作社发展研究［D］．开封：河南大学，2014.

［13］窦鹏辉，陈诗波．多元化农技推广体系中农村合作经济组织的作用机理研究——基于山东枣庄 7 家农民专业合作社的实地调研［J］．理论月刊，2011（08）：172-176.

［14］菲利斯·斯盖尔维尼．欧洲合作社的发展与经验［J］．中国合作经济，2012，303（06）：11-12.

［15］付建龙．我国农民合作社制度研究［D］．南京：南京师范大学，2013.

［16］公佩勇．合作社社员资格法律问题研究［D］．扬州：扬州大学，2019.

［17］龚道广．农业社会化服务的一般理论及其对农户选择的应用分析［J］．中国农村观察，2000（06）：25-34+78.

［18］关军领．全程机械化+综合农事助力乡村振兴——记蓝田县铁骑农业机械专业合作社［J］．中国农民合作社，2022，156（05）：47-48.

［19］郭晓鸣，廖祖君，付娆．龙头企业带动型、中介组织联动型和合作社一体化三种农业产业化模式的比较——基于制度经济学视角的分析［J］．中国农村经济，2007（04）：40-47.

［20］郭艳芹，梁丹霞．文化建设对农民专业合作社绩效的影响——基于新疆昌吉新峰奶牛养殖专业合作社的案例分析［J］．新疆农垦经济，

2016（09）：48-53.

[21] 胡宜挺，许雨晴．兵团棉花种植专业合作社功能发挥现状调查分析［J］.新疆农垦经济，2023（05）：71-79.

[22] 黄翠云．全方位打造农业生产性服务主体发展更多小农户融入农业产业链——记潜山市黄铺丰泽现代农机专业合作社［J］.中国农机监理，2023，254（03）：22-23.

[23] 黄凤，杨丹．农民合作社内部治理对其农业服务能力的影响——来自中国15省市的调查数据［J］.湖南农业大学学报（社会科学版），2014，15（06）：39-45.

[24] 黄季焜，邓衡山，徐志刚．中国农民专业合作经济组织的服务功能及其影响因素［J］.管理世界，2010（05）：75-81.

[25] 黄祖辉，俞宁．新型农业经营主体：现状、约束与发展思路——以浙江省为例的分析［J］.中国农村经济，2010（10）：16-26+56.

[26] 黄祖辉．准确把握中国乡村振兴战略［J］.中国农村经济，2018（04）：2-12.

[27] 姜岩．乡村振兴战略视域下的农民专业合作社功能定位研究［J］.农业经济，2022，424（08）：86-87.

[28] 井立义，徐振清，栗雪兰．农民专业合作社生物资产的核算［J］.中国农民合作社，2022（10）：31-33.

[29] 柯昆昆，吴亮，何亚林．乡村振兴视角下数字技术嵌入农村供销合作社价值再创实现路径研究［J］.贵阳学院学报（社会科学版），2023，18（03）：61-68.

[30] 孔祥智，魏广成．世界农业合作社起源及演化［J］.中国合作经济评论，2021（01）：3-40.

[31] 李宝友．农信社推动我国农业经济发展的现状分析［J］.商讯，2022（18）：131-134.

[32] 李大垒，仲伟周．农民合作社、农产品区域品牌与乡村振兴

[J].深圳大学学报（人文社会科学版），2019，36（06）：118-125.

[33] 李继志.新型农民专业合作社：参与主体行为、组织制度与组织绩效 [D].长沙：湖南农业大学，2014.

[34] 李琳.滨州市农民专业合作社财务管理规范完善策略探讨 [J].山西农经，2022（20）：146-148.

[35] 李倩，扶玉枝.农民合作社社会化服务文献综述 [J].中国集体经济，2023（33）：13-16.

[36] 李桃.马克思主义中国化进程中农民合作理论与实践研究 [D].哈尔滨：哈尔滨师范大学，2022.

[37] 李腾飞，周鹏升，汪超.美国现代农业产业体系的发展趋势及其政策启示 [J].世界农业，2018（07）：4-11+222.

[38] 李锡勋.合作社法论 [M].台北：三民书局股份有限公司，1982.

[39] 李旭，李雪，宋宝辉.美国农业合作社发展的特点、经验及启示 [J].农业经济，2018（11）：911.

[40] 李学依.江苏省淮安市洪泽区祥发农机合作社：创新农事服务模式聚力农业高质量发展 [N].中国农机化导报，2023-04-17（003）.

[41] 李振玻.新制度背景下农民专业合作社生物资产确认衔接及核算示例 [J].中国农民合作社，2022（10）：10-11.

[42] 梁丽.安徽界首市农机专业合作社加快农机技术推广 [J].农业工程技术，2021，41（11）：62-63.

[43] 刘晶红.土地承包经营权入股农民专业合作社的若干法律问题 [D].上海：华东政法大学，2011.

[44] 刘文斌.美日农业合作社发展经验及对中国的启示 [J].辽宁大学学报（哲学社会科学版），2013，41（02）：76-81.

[45] 楼栋，孔祥智.新型农业经营主体的多维发展形式和现实观照 [J].改革，2013（02）：65-77.

[46] 吕丝.农民专业合作社社员资格问题研究 [J].太原理工大学

学报（社会科学版），2013，31（01）：9-13+17.

　　［47］马红波．家庭农场与其他农业经营主体的区别研究［J］．农业工程技术，2020，40（17）：12-13.

　　［48］马良灿，李净净．从利益联结到社会整合——乡村建设的烟台经验及其在地化实践［J］．中国农业大学学报（社会科学版），2022，39（01）：91-104.

　　［49］彭青秀，丁力．农民专业合作社功能研究综述［J］．郑州轻工业学院学报（社会科学版），2018，19（04）：88-93.

　　［50］平瑛，贾杰斐．中国合作社社员资格制度界定与完善——基于博弈论和对新合作社法的思考［J］．农林经济管理学报，2019，18（01）：80-87.

　　［51］施春风．理事长、理事和管理人员的忠实义务［J］．中国农民合作社，2019（02）：43.

　　［52］施春风．农民专业合作社的定义及其基本原则［J］．中国农民合作社，2018（03）：49-51.

　　［53］孙树莉．浅析农民专业合作社文化的功能与作用［J］．山西农经，2019，242（02）：88.

　　［54］孙亚范．农民专业合作社利益机制、成员合作行为与组织绩效研究［D］．南京：南京农业大学，2011.

　　［55］涂琼理．农民专业合作社的政策扶持研究［D］．武汉：华中农业大学，2013.

　　［56］王芳．农民专业合作社文化建设研究［D］．太谷：山西农业大学，2014.

　　［57］王吉鹏．我国农民专业合作社财政扶持政策效应研究［D］．北京：中国农业科学院，2018.

　　［58］王敬培，任大鹏．"典范"标准：农民专业合作社示范社评选标准的研究［J］．中国农业大学学报（社会科学版），2016，33（03）：26-32.

［59］王萍，曹荣利，王献杰等．山东省食用菌合作社产品营销模式分析——以临沂市食用菌合作社为例［J］．河北农业科学，2021，25（01）：13-15.

［60］王俏，任大鹏．风险分析视角下合作社产品质量安全保障机制——基于落花屯茶叶合作社的案例研究［J］．农村经济，2020，448（02）：123-130.

［61］王清芬，张杰．全程服务显威力逐梦农机绘新图——青岛同富勤耕农业机械专业合作社发展纪事［J］．农机科技推广，2023，243（01）：49-51.

［62］王蒴，高玉琦，胡宝贵．西甜瓜合作社农业社会化服务的调查分析［J］．浙江农业科学，2023，64（02）：499-502.

［63］王太明，王丹．德国农业合作社的发展现状、特点及启示［J］．农业经济，2022（04）：29-31.

［64］王阳．中国农民专业合作经济组织发展研究［D］．成都：西南财经大学，2010.

［65］王玉斌，郭娜英，赵铁桥．德国农民合作社考察及其启示［J］．华中农业大学学报（社会科学版），2020（05）：160-167+176.

［66］王征兵，许婕，孙浩杰．国外发展农民专业合作社的经验及其借鉴——以美国、西班牙和日本为例［J］．湖南农业大学学报（社会科学版），2010，1（02）：61-65.

［67］文雷．中国农民专业合作社治理机制与绩效［D］．杨凌：西北农林科技大学，2013.

［68］吴彬．美国农业合作社的成长谜题：从一个失败案例说起［J］．中国农民合作社，2019（08）：46-48.

［69］吴彬．美国农业合作社发展的一个显著特点［J］．中国农民合作社，2019（04）：66-67.

［70］吴斌．推广应用科学技术促进蔬菜生产绿色发展——上海三家村蔬果专业合作社推广应用的蔬菜生产技术简介［J］．上海蔬菜，2022，

183（02）：77-78.

　　[71] 仵希亮. 欧洲合作社的特点及对我国合作社发展的启示 [J]. 中国农民合作社，2016，89（10）：64-65.

　　[72] 仵希亮. 中国农民专业合作社发展研究 [D]. 杨凌：西北农林科技大学，2010.

　　[73] 夏小青，刘进展. 美国农业合作社的融资信贷经验对我国合作社信贷的启示 [J]. 中国农民合作社，2023（03）：64-66.

　　[74] 肖梅. 创新服务产品助力烟农增收——安徽省皖南地区烟农合作社发展探索 [J]. 中国农民合作社，2018，115（12）：51-52.

　　[75] 肖妍，程培罡. 农村土地股份合作社运行特征、成效和潜在问题——以上林村土地股份合作社作为例 [J]. 农业经济，2012（07）：84-86.

　　[76] 谢均己. 农村合作经济组织理论与实践研究 [D]. 成都：四川大学，2007.

　　[77] 谢莉娟，万长松，武子歆. 流通业发展对城乡收入差距的影响——基于公有制经济调节效应的分析 [J]. 中国农村经济，2021，438（06）：111-127.

　　[78] 新疆阿克苏新和县小牛果品农民专业合作社发挥技术服务优势提升现代林果业水平 [J]. 农村经营管理，2021，224（10）：43-44.

　　[79] 徐更生，熊家文. 比较合作经济 [M]. 北京：中国商业出版社，1992.

　　[80] 徐挺. 践行为农服务宗旨　服务农民生产生活——浙江省宁波市供销合作社打造为农服务综合平台的路径研究 [J]. 中国合作经济，2023（07）：50-53.

　　[81] 徐旭初，贾广东，刘继红. 德国农业合作社发展及对我国的几点启示 [J]. 农村经营管理，2008（05）：38-42.

　　[82] 徐旭初，吴彬. 合作社是小农户和现代农业发展有机衔接的理想载体吗？[J]. 中国农村经济，2018（11）：80-95.

　　[83] 徐旭初. 理性看待农民合作社办企业 [J]. 中国农民合作社，

2021（03）：41-44.

[84] 徐旭初．农民合作社需要怎样的带头人［J］．中国农民合作社，2020（06）：41-42.

[85] 徐旭初．农民专业合作社发展辨析：一个基于国内文献的讨论［J］．中国农村观察，2012（05）：2-12+94.

[86] 徐旭初．中国农民专业合作经济组织的制度分析［M］．北京：经济科学出版社，2005.

[87] 许英．论农民专业合作社成员退社及相关主体的利益保护［J］．私法研究，2018，23（01）：105-116.

[88] 晏阳初．晏阳初全集［M］．长沙：湖南教育出版社，1992.

[89] 阳亮，马爱艳．红枣种植户社会化服务需求影响因素研究［J］．合作经济与科技，2023（12）：36-39.

[90] 杨峰．中国农村信用合作社管理体制改革研究［D］．杨凌：西北农林科技大学，2012.

[91] 杨鑫．国外农业合作社的发展经验及对我国的启示［J］．现代农业，2020（08）：14-17.

[92] 杨旭，何慧丽．供销合作社农产品流通服务历史进程与职能优化［J］．中国流通经济，2023，37（04）：26-36.

[93] 杨艳文．推动质量认证及品牌建设提升合作社产品质量安全［J］．中国农民合作社，2022，158（07）：15-19.

[94] 杨永康，贾婷婷．农民合作社社会功能的多角度探析［J］．江苏农村经济，2016（05）：39-41.

[95] 杨有谷．重建"一张网"服务"六个农"——江西省安远县深化供销合作社综合改革保障粮食安全［J］．中国合作经济，2023（08）：72-73.

[96] 尹笑琦，王春驰，葛东鑫．浅析农业合作社市场营销现状与发展趋势［J］．南方农机，2017，48（03）：64+69.

[97] 应秀良．农村集体经济收益分配规则研究——兼论社员资格的

取得与丧失 [J]. 人民司法（应用），2016，741（10）：86-94.

[98] 余镇涛，王相栋，雷富琴. 农民专业合作社产品营销的现状及对策——来自沂南县金马山育苗合作社的案例证据 [J]. 农家参谋，2018，594（17）：40-41.

[99] 袁立. "以大带小"：农民专业合作社发展再研究 [D]. 南昌：江西财经大学，2018.

[100] 苑鹏，曹斌，崔红志. 空壳农民专业合作社的形成原因、负面效应与应对策略 [J]. 中国合作经济，2019（05）：7-13.

[101] 苑鹏，刘凤芹. 美国政府在发展农民合作社中的作用及其启示 [J]. 农业经济问题，2007（09）：101-106.

[102] 张成，吕娟妮. "网" 罗乡村好货线上线下流通 [N]. 中华合作时报，2022-06-10（A02）.

[103] 张德峰，谭赛. 乡村振兴战略背景下农民专业合作社社员资格立法之检视 [J]. 中南大学学报（社会科学版），2022，28（02）：106-115.

[104] 张德峰. 北欧合作社运动及其对我国推进共同富裕的启示 [J]. 学术界，2022（09）：201-209.

[105] 张德峰. 合作社社员权论 [M]. 北京：法律出版社，2016.

[106] 张建远. 运用财务软件实现农民专业合作社财务管理规范化 [J]. 中国农民合作社，2022（10）：23-25.

[107] 张晓山. 农民专业合作社的发展趋势探析 [J]. 管理世界，2009（05）：89-96.

[108] 张耀文. 理事长激励、合作稳定性与农民合作社产业链深化——基于四川省雅安市 3 家合作社的案例分析 [J]. 农村经济，2022（09）：116-125.

[109] 张益丰，孙运兴. "空壳" 合作社的形成与合作社异化的机理及纠偏研究 [J]. 农业经济问题，2020（08）：103-114.

[110] 张宗红. 农民合作社功能定位、现实问题与发展对策 [J]. 农

村经济与科技，2023，34（05）：101-103+138.

[111] 章慧. 农民专业合作社退社机制研究 [J]. 农村经济与科技，2021，32（17）：43-45.

[112] 章齐煦. 农民专业合作社小农户成员权益法律保护研究 [D]. 扬州：扬州大学，2023.

[113] 赵慧峰. 中国农民专业合作经济组织发育规律及运行机制研究 [D]. 保定：河北农业大学，2007.

[114] 赵冉，苏群. 美国、日本农业合作社发展特点及启示 [J]. 世界农业，2016（05）：26-29+218.

[115] 赵晓峰，邢成举. 农民合作社与精准扶贫协同发展机制构建：理论逻辑与实践路径 [J]. 农业经济问题，2016，37（04）：23-29+110.

[116] 郑丹. 农民专业合作社盈余分配状况探究 [J]. 中国农村经济，2011（04）：74-80.

[117] 郑辉英. 探究构建生态型农村现代流通服务体系之策略——基于江西省供销合作社的发展实际 [J]. 中国合作经济，2017，360（04）：59-62.

[118] 周传亮. 新农村建设背景下的农民合作社文化建设研究 [D]. 曲阜：曲阜师范大学，2015.

[119] 周晶，郑晓云，毛维青. 农民合作社财务管理存在的问题及规范化建议 [J]. 中国农民合作社，2020（10）：56.

[120] 周强，武香俊. 农民专业合作社"精英俘获"的治理困境及变革之道 [J]. 农业经济，2022（08）：83-85.

[121] 周易. 合作社组织结构与管理制度对社员权益的影响 [D]. 北京：中国农业大学，2017.

[122] 朱宁宁. 农民专业合作社法修订三大审议焦点——防止大户垄断　明确退出机制　完善鼓励措施 [J]. 农村财务会计，2017，479（07）：29-31.